职业教育课程改革规划创新教材

经济政治与社会学习指导

刘万军　编著

中国石化出版社
HTTP://WWW.SINOPEC-PRESS.COM
中国经济出版社
CHINA ECONOMIC PUBLISHING HOUSE

内 容 提 要

《经济政治与社会学习指导》为十三五规划教材《经济政治与社会》的参考书和配套习题集。本书按照《经济政治与社会》的结构和内容编写，主要内容包括各个项目任务涉及知识点的梳理归纳、所需达到的学习目标要求以及重难点的提示和解释等。对应各个项目任务分别设置了练习题。练习题包含术语释义、单项选择题、多项选择题、判断题和技能训练题(材料分析)等题型。习题内容覆盖了《经济政治与社会》的全部内容，并在此基础上略有拓展。

本书可作为中等职业教育各个专业《经济政治与社会》课程的配套用书，也可供岗位培训、进修、业务培训以及相关知识的爱好者学习使用。

图书在版编目（CIP）数据

经济政治与社会学习指导 / 刘万军编著．—北京：中国石化出版社，2020. 5
ISBN 978-7-5114-5695-3

Ⅰ．①经… Ⅱ．①刘… Ⅲ．①中国经济-经济建设-中等专业学校-教学参考资料②政治-中国-中等专业学校-教学参考资料 Ⅳ．①F124②D6

中国版本图书馆 CIP 数据核字（2020）第 063505 号

中国石化出版社出版发行

地址:北京市东城区安定门外大街 58 号
邮编:100011　电话:(010)57512500
发行部电话:(010)57512575
http://www.sinopec-press.com
E-mail:press@sinopec.com
北京科信印刷有限公司印刷
全国各地新华书店经销

*

787×1092 毫米 16 开本 9.75 印张 242 千字
2020 年 5 月第 1 版　2020 年 5 月第 1 次印刷
定价:30.00 元

前言

Preface

《经济政治与社会学习指导》根据教育部颁发的《经济政治与社会教学大纲》编写而成，与《经济政治与社会》相配套的学习辅导书。《经济政治与社会学习指导》的内容与教材的内容平行，紧扣教材，以全面培养学生的学习能力、提高学生的综合素质为目的，对教材内容进行了梳理归纳，并给出了对相关知识点的学习要求，便于学生自学。每个任务后面给出了相应的包含各种题型的习题供课后练习使用，同时给出了多套综合测试题目用于检验学习的效果。题目紧扣教材知识点，并略有拓展，因此本书还可作为教材的配套练习册使用，同时教师在布置作业的时候可以针对不同特点的学生选择相应的题目。

本教材作为《经济政治与社会》一书的辅导教材，可供中高职类学生学习使用，也可供相关知识爱好者参考。

本教材由刘万军编著。在编写过程中参考了大量的文件、网络资料，但由于水平有限，对于教材中的不当之处恳请读者批评指正。

刘万军

目录

Contents

项目一　透视经济现象

任务一　考察商品的交换与消费

知识目标

（1）识记：货币；货币的基本职能；影响价格变动的因素；价值规律的作用；影响消费的因素。

（2）理解：通货膨胀；供求关系对价格变动的影响；商品价值与价格的关系；价值规律的表现形式；健康的消费观。

能力目标

（1）纸币不是货币；解释生活中导致某种商品价格变动的原因，增强学生解释经济现象的能力。

（2）认识正确的消费观念。

情感、态度与价值观目标

通过学习，使学生懂得货币是怎样产生的，有什么样的用途；何时何地购买商品比较经济划算，提高学生参与经济生活的能力；培养合理的消费观念。

教学重点、难点

（1）货币的产生；价值规律的作用；健康的消费观念。
（2）价值规律的表现形式；如何树立合理的消费观念。

【考核建议】

1. 考核知识点：商品的基本属性

建议考核形式：解释基本概念、选择题、判断题。

2. 考核知识点：货币的基本职能

建议考核形式：解释基本概念、选择题、判断题。

3. 考核知识点：影响价格的因素

建议考核形式：解释基本概念、选择题、判断题、辨析题。

4. 考核知识点：价值规律的作用

建议考核形式：解释基本概念、选择题、情境分析题。

5. 考核知识点：常见的消费心理

建议考核形式：选择题、判断题。

6. 考核知识点：科学的消费观

建议考核形式：判断题、辨析题、情境分析与实践探究题(实训)。

【知识梳理】

一、商品的基本属性(了解)

1. 商品的含义：用于交换的劳动产品

任何商品都是劳动生产出来的产品或提供的服务，且该产品或提供的服务必须用来交换。如：自然界中的"空气""河水""湖水"以及农民自己种自己用的粮食都不是"商品"，但经过生产加工后，在商店出售的"纯净水"以及农民对外出售的粮食都是"商品"。

因此，劳动产品只有用于交换才是商品。

2. 商品的基本属性：价值和使用价值

(1) 价值的含义：价值是指凝结在商品中的无差别的人类劳动。

(不同的商品所以能进行交换，就是因为它有价值，价值是商品交换的基础。)

(2) 使用价值的含义：使用价值是指商品能够满足人们某种需要的属性。

(商品的使用价值千差万别。)

(3) 两者关系：任何商品都是使用价值和价值的统一体。价值离不开使用价值，使用价值是价值的物质承担者；使用价值也离不开价值，否则就不是商品。

通常所说的"价廉物美"体现的就是商品的使用价值和价值两方面的属性。其中，"价廉"反映的是商品的"价值"属性；"物美"反映的是商品的"使用价值"。

➔ **注意**：商品的价值量不是由个别劳动时间，而是由社会必要劳动时间决定的；个别劳动时间转化为社会必要劳动时间是通过部门内部各个商品生产者之间的竞争实现的。不同种商品的生产者之间竞争即部门之间竞争，其结果是形成平均利润和生产价格。

二、货币的基本职能(理解、养成、分析、概念叙述)

1. 货币的定义

货币是从商品中分离出来固定地充当一般等价物的商品。

2. 货币的基本职能

（1）价值尺度：指货币作为表现和衡量其他一切商品价值大小的职能。

商品价值的货币表现，叫价格。比如，一辆售价为500元的自行车，这辆自行车的价值是通过500元的价格表现出来的，这时货币就执行了价值尺度的职能。

商店里各类商品价签反映的商品的价格，执行的就是货币的价值尺度。

（2）流通手段：指货币充当商品交换媒介的职能。

商品流通：以货币为媒介的商品交换。简单商品流通公式是：商品—货币—商品（W—G—W），商品生产者首先是卖出自己的商品，取得货币，然后再以货币买进自己需要的商品。

所谓"一手交钱，一手交货"执行的就是货币的流通手段。

在货币充当流通手段时，人们追求的不是货币本身，所以可以以纸币来代替。

纸币是由国家法定发行的货币符号。

（3）货币的其他三种职能：贮藏手段、支付手段、世界货币的职能。

➡ **注意**：货币的职能是由货币的本质决定的，又是货币本质的具体体现。货币能够执行价值尺度的职能，就是因为货币也是一种商品，自身也有价值，能以自身价值作为尺度去衡量其他商品所包含的价值量。

三、影响价格的因素（了解）

1. 价值决定商品的价格（理解、分析）

商品的价值量是由生产该商品的社会必要劳动时间决定的。所谓社会必要劳动时间，是指在现有社会正常的生产条件下，在社会平均的劳动熟练程度和劳动强度下，制造某商品所需要的劳动时间。生产某商品所用的社会必要劳动时间长，商品的价值量就大，商品的价格就高；反之，生产某商品所用的社会必要劳动时间短，商品的价值量就小，商品的价格就低。

➡ **注意**：社会必要劳动时间是看不见、摸不到的，因此，只有结合个别劳动时间进行对比对商品生产者才有实际意义。

社会必要劳动时间对生产者的意义：①个别劳动时间低于社会必要劳动时间，处于有利地位盈利。②个别劳动时间高于社会必要劳动时间，处于不利地位亏损。③个别劳动时间等于社会必要劳动时间，处于不亏不赚。

它决定了生产者应努力缩短生产商品的个别劳动时间，提高个别劳动生产率。

思考

社会劳动生产率提高，单位时间内生产的商品的价值总量会发生变化吗？

社会劳动生产率提高，一方面，意味着同一时间内同一劳动创造的商品数量增加；另一方面，也说明生产单位商品的社会必要劳动时间减少，因而，价值量减小。由于商品的价值量是按时间计算的，因而，无论社会劳动生产率怎样变化，同一劳动在同一时间内的无差别人类支出的总量不会发生变化，所以，商品价值总量不变。

知识经济时代已经向我们走来，它向我们提出了新的挑战，当一个国家或者企业没有新技术、新产品时，劳动生产率越高，亏损反而越严重。只有善于创新知识，并把知识转化成新技术和新产品的国家或企业，才能在工业经济向知识经济的转变中取得领先地位。

影响价格的其他因素还有气候、时间、地域、生产、文化等。各种因素对商品价格的影响，是通过改变该商品的供求关系来实现的。

2. 供求关系影响价格(理解、概念叙述)

商品供不应求，价格升高；商品供过于求，价格降低。

四、价值规律的作用(理解、分析、概念叙述)

1. 价值规律的内容和表现形式

(1)价值规律的内容：商品的价值量由生产商品的社会必要劳动时间决定，商品交换以价值量为基础实行等价交换，被称为价值规律。

(2)价值规律的表现形式：商品价格受供求关系的影响，商品价格围绕价值上下波动，则是价值规律的表现形式。

供求与价格相互影响，相互制约。(商品价格不会无限制上升或下降。)

等价交换：价格与价值相符的交换。等价交换存在于商品交换的平均数中，不存在于每一个个别场合。

2. 价值规律的作用

(1) 调节劳动力和生产资料在社会生产各部门的分配。(原因：供求与价格相互影响相互制约。结果：使资源在社会各部门之间实现优化配置。)

(2) 刺激商品生产者改进技术，改善经营管理，提高劳动生产率。(原因：社会必要劳动时间决定商品价值量。结果：使企业内部实现优化配置。)

(3) 促使商品生产者在竞争中优胜劣汰。(原因：生产条件好、经营管理水平高的生产者，生产出来的商品适销对路，因而获利较多，在竞争中占有优势；反之，生产者就可能被市场淘汰。)

五、常见的消费心理(理解、分析、叙述)

(1) 求同心理。有从众心理的人，看到别人做某事，自己不由自主地去做，其消费会受别人评价的影响，受他人，尤其是名人行为的带动和影响。

(2) 求异心理。消费行为与众不同，标新立异，追求新奇、特别、时髦，以此来展示个性。

(3) 求名心理。消费者在选购商品时追求名牌、信任名牌，甚至痴迷名牌的心理。有些商品，人们拥有它的目的不在于它本身的实用价值和它所带来的乐趣，而是在于“向上看齐”，人无我有的炫耀心理。

(4) 求实心理。消费者选择商品，往往考虑许多因素，如：价格是否便宜？质量好不好？服务是否到位？功能是否齐全？讲究实惠，据已需要是一种理性消费。

六、科学的消费观(理解、养成、践行)

(1) 量入为出，适度消费。消费者应该根据自己的经济实力选择适合自己需要的商品，坚持量入为出。

(2) 统筹兼顾，理性消费。消费者应正确处理消费与积累、当前与长远、物质与精神、生存与发展、享受与消费的关系。

(3) 保护环境，绿色消费。消费者应选择绿色产品，注意垃圾的处理。注重环境保护，节约资源。

(4) 勤俭节约，艰苦奋斗。

练 习 题

一、单项选择题

1. 人们之所以需要购买某种商品，是因为(　　)。

A. 某种商品具有价值　　B. 某种商品具有使用价值

C. 某种商品具有交换价值　　D. 某种商品需要交换

2. 在现实生活中，人们通常考察商品的标准是“物美价廉”，这里的“物美”和“价廉”分别是指(　　)两个方面。

A. 价值和交换价值　　B. 美好的外观和低廉的价格

C. 使用价值和价值　　D. 价值和交换价值

3. 一般情况下，一辆汽车的价格总是高于一辆自行车的价格，这是因为(　　)。

A. 生产一辆汽车比生产一辆自行车耗费的社会必要劳动时间多

B. 生产一辆汽车比生产一辆自行车耗费的个别劳动时间多

C. 一辆汽车比一辆自行车实用

D. 人们更喜欢汽车

4. 通常所说的“物以稀为贵”应理解为(　　)。

A. 商品稀少价值就大　　B. 使用价值决定价值

C. 价值决定使用价值　　D. 供求关系影响商品的价格

5. 货币的两个基本职能是(　　)。

A. 价值尺度和支付手段　　B. 价值尺度和流通手段

C. 支付手段和流通手段　　D. 流通手段和贮藏手段

6. 甲、乙、丙生产同样的鞋子分别用了10个、9个、8个小时，三者生产的同样鞋子价值量大小比较为(　　)。

A. 甲最大　　B. 乙最大　　C. 丙最大　　D. 一样大

7. 社会必要劳动时间中的“现有正常的生产条件”是指(　　)。

A. 现时社会上同一生产部门内绝大多数生产者已经达到的生产条件

B. 少数落后的生产者达到的生产条件

C. 多数先进的生产者达到的生产条件

D. 专门指劳动者的生产工具

8. 秋装在夏季末时价格通常较高，过了一段时间，价格逐渐下降，根本原因是(　　)。

A. 人们喜新厌旧的审美追求

B. 新秋装供不应求，旧秋装供过于求

C. 生产秋装的社会劳动生产率提高了

D. 生产秋装的厂家竞争激烈，不得不降低价格

9. 关于纸币的说法正确的是(　　)。

A. 就是货币　　B. 就是人民币

C. 代替金属货币执行价值尺度　　D. 是国家发行的强制使用的货币符号

10. 雾霾来袭，生产口罩的厂家加班加点，其经济学原因是(　　)。

A. 供求关系影响生产　　B. 口罩可以防治雾霾

C. 厂家唯利是图　　D. 口罩能起装饰作用

11. 平时人们所说"通货膨胀"中的"通货"是指(　　)。

A. 流通中的货币　　B. 充当一般等价物的金银

C. 流通中的商品　　D. 流通中的铸币

12. 关于纸币、货币、一般等价物的关系，下列说法正确的是(　　)。

A. 纸币是货币符号，能代替货币执行所有职能

B. 三者没有本质区别

C. 纸币与货币有区别，货币与一般等价物没有本质区别

D. 三者产生的历史顺序是货币——一般等价物—纸币

13. 在其他条件不变的情况下，商品供不应求必然引起(　　)。

A. 价格不变　　B. 价格升高

C. 价格平稳　　D. 价格下跌

14. 水果在节日前价格上涨，在节日后价格下跌，这一现象(　　)。

A. 违背了等价交换原则

B. 正是价值规律的表现形式

C. 表现出水果的价格由供求关系决定

D. 说明有些商品的价值量不是由社会必要劳动时间决定的

15. 市场上，价格与价值经常不一致，这主要是由于(　　)。

A. 价值规律的作用总随着市场变化　　B. 市场上买者与买者的竞争

C. 市场上卖者与卖者的竞争　　D. 市场上商品供求不平衡

16. 商品对于人们的有用性是指(　　)。

A. 商品的价值　　B. 商品的使用价值

C. 商品的交换价值　　D. 商品的社会价值

17. 商品不是从来就有的，从根本上说，商品的出现(　　)。

A. 是生产力发展的必然结果

B. 是生产关系发展的必然结果

C. 是社会分工的必然结果

D. 是以交换为目的的生产出现的结果

18. 在下列经济活动中，货币执行流通手段职能的是(　　)。

A. 电脑标价 3800 元

B. 某农民卖掉地里的玉米得到 7500 元，又用 600 元买回种子

C. 老王取出银行利息 2000 元

D. 小李领取本月工资 3800 元

19. 货币的本质是(　　)。

A. 商品　B. 等价　C. 一般等价物　D. 交换价值

20. 商品的两个因素是(　　)。

A. 使用价值和价值　B. 价值和交换价值

C. 使用价值和交换价值　D. 价值和价值量

21. 交换价值是指它能够用于交换别的商品，并表现为一种使用价值同另一种使用价值相交换的数量上的关系或比例，其基础或内容是(　　)。

A. 使用价值　B. 价值　C. 价格　D. 价格标准

22. 商品价值的大小是由生产商品的社会必要劳动时间来决定，商品生产者要获得更多的收益必须使生产商品的(　　)。

A. 个别劳动时间等于社会必要劳动时间

B. 个别劳动时间高于社会必要劳动时间

C. 个别劳动时间低于社会必要劳动时间

D. 个别劳动时间高于或等于社会必要劳动时间

23. 商品的价值量由生产商品的社会必要劳动时间决定，它是在(　　)。

A. 同类商品的生产者之间的竞争中实现的

B. 不同商品的生产者的竞争中实现的

C. 商品的生产者和消费者之间的竞争中实现的

D. 商品的生产者和销售者之间的竞争中实现的

24. 劳动生产率提高了，同一社会必要劳动时间里创造出来的商品的价值(　　)。

A. 增加　B. 减少　C. 不变　D. 增减不定

25. 一些本来只有少数人有能力购买的高档商品，过了一段时间后其价格会降低，成为寻常百姓买得起的普通商品。出现上述现象的原因是(　　)。

A. 随着个别劳动生产率的提高，单位商品的价值量不断减小

B. 随着个别劳动生产率的提高，生产的商品价值总量不断减小

C. 随着社会劳动生产率的提高，单位商品的价值量不断减小

D. 随着社会劳动生产率的提高，生产的商品价值总量不断减小

26. 社会劳动生产率越高，同一劳动在同一时间创造的单位商品的价值量(　　)，而商品的价值总量(　　)。

A. 越大 越大　B. 越小 越大

C. 越小 不变　D. 越大 不变

27. 货币所以能执行价值尺度的职能，是因为它是社会劳动的产物，本身具有价值，货币执行价值尺度时的特点是(　　)。

A. 可以支付薪金

B. 必须是现实的货币

C. 只需要观念上的货币

D. 可以是观念上的货币，也可以是现实的货币

28. 今年农民老张家收获了2000斤小麦，其中1000斤留给自己食用，200斤送给城里的亲戚，800斤送到农贸市场出售。其中属于商品的小麦是(　　)。

A. 1000斤自己食用的　　B. 200斤送给亲戚的

C. 800斤送农贸市场出售的　　D. 自己食用和送亲戚的

29. 废品收购站收购的旧书报杂志(　　)。

A. 有使用价值，没有价值　　B. 既有使用价值，也有价值

C. 有价值，没有使用价值　　D. 既没有使用价值，也没有价值

30. 关于货币的观点错误的是(　　)。

A. 货币是和商品同时产生的　　B. 货币是商品

C. 货币是使用价值和价值的统一体　　D. 货币的本质是一般等价物

31. 在新中国成立之前，中国国民党政府曾经长时期滥发纸币，造成恶性通货膨胀。历史资料记载，从1936年6月到1949年5月，中国国民党政府的货币发行额增加了1445亿余倍，物价上涨了85000多亿倍。有数据为证，1937~1949年中国国民党统治时期国民党政府100元法币的购买力变化如下：

1937年可以买黄牛2头，1938年可以买黄牛1头；

1939年可以买猪1头，1941年可以买面粉1袋；

1943年可以买鸡1只，1945年可以买鸡蛋1个；

1946年可以买肥皂1/6块，1947年可以买煤球1个；

1948年8月可以买大米3粒，1949年5月可以买大米2.45/10000000粒(一粒大米的一千万分之二点四五)。

这一事实说明(　　)。

A. 纸币是国家发行的，政府可以决定发行的数量

B. 货币发行量超过了流通中所需要的金属货币量，就会导致纸币贬值，物价上涨

C. 为了保证纸币不贬值，政府发行的纸币越少越好

D. 纸币作为财富储藏起来，等待纸币升值

32. 笔记本电脑从过去的几万元降至几千元的根本原因是(　　)。

A. 技术的进步导致生产笔记本电脑的社会必要劳动时间减少

B. 人们的消费能力提高了

C. 笔记本电脑日益普及

D. 市场上电脑销售存在着激烈的竞争

33. 曾经有一个时期，彩电价格不断下跌，火柴价格不断上涨。但是一盒火柴的价格上涨，不会涨到与一台彩电的价格相等，一台彩电的价格下跌，不会跌到与一盒火柴的价格相等。这说明(　　)。

A. 使用价值大的商品，价格就高

B. 不同的商品各有用处，无法比较价值

C. 价格是由价值决定的，价格以价值为轴心上下波动

D. 商品的价格是由价值决定的，所以商品价格违背了价值规律

34. 据报道，由于俄罗斯大量抛弃库存的铜，国际市场上铜供过于求，铜价下跌，每磅跌到 1 美元。后来，西方国家和中国经济发展对铜的需求增加，世界上铜的库存又减少，使铜价回升至每磅 1.5 美元。这说明(　　)。

A. 商品的价值是由其生产的数量决定的

B. 商品的价格和价值总是不相符的

C. 商品的价值是由其销售的价格决定的

D. 商品的价格受供求关系的影响

35. 近来每年的“十一”黄金周期间，许多商家请来大腕明星帮助其进行产品宣传，往往购买者如潮。商家这么做是利用了消费者的(　　)。

A. 求同心理　B. 求异心理　C. 求名心理　D. 求实心理

36. 有位准备购买轿车的消费者说“新车一上牌就成了二手车，就开始贬值，越用越贬值。对我来说，汽车只是一种为我服务的工具，什么品牌无所谓，关键是质量要好，价格要实在”。从消费心理角度看，这是一种(　　)。

A. 求同心理　B. 求实心理　C. 求异心理　D. 求名心理

37. 关于消费观，下列观点正确的是(　　)。

A. 只要是自己赚的钱，怎么消费是自己个人的事情

B. 消费是一门学问，只有用科学消费观来引领自己的消费，才是正确的

C. 勤俭节约、艰苦奋斗就是要尽量少花钱

D. 环境保护是件利国利民的大事，但这只是生产者的责任，和我们的消费行为没有关系

38. 下列描述正确的是(　　)。

A. 商品价格决定供求关系，但受到社会必要劳动时间影响

B. 商品价格决定商品的价值，但受到供求关系的影响

C. 商品价格决定个别劳动时间，但受到供求关系的影响

D. 商品价格决定供求关系，但受到使用价值的影响

39. 关于货币描述正确的是(　　)。

A. 货币不是商品，没有使用价值和价值　B. 货币是固定地充当一般等价物的商品

C. 货币也是商品，具有使用价值和价值　D. 货币是万能的

40. 下列物品中，属于商品的是(　　)。

A. 自然状态的空气、水　B. 农贸市场待售的蔬菜

C. 亲朋好友赠送的礼品　D. 商场过期变质的食品

二、多项选择题

1. 商品产生和存在的两个基本条件是(　　)。

A. 社会分工　B. 一般等价物的出现

C. 产品属于不同的所有者　D. 劳动产品的品种丰富

2. 商品的基本属性是(　　)。

A. 有用性　　B. 价值　　C. 使用价值　　D. 交换价值

3. 货币的基本职能是(　　)。

A. 世界货币　　B. 价值尺度　　C. 储藏手段

D. 支付手段　　E. 流通手段

4. 生产同一种商品，甲耗费5小时，乙耗费4小时，丙耗费3小时。关于这种商品的价值量，下列说法正确的是(　　)。

A. 甲生产的商品价值量最大，因为甲耗费的劳动时间最多

B. 丙生产的商品耗费的劳动时间最少，他比甲、乙能多赚钱

C. 甲、乙、丙生产的商品的价值量不一样大，因为他们的生产时间不相同

D. 甲、乙、丙生产的商品的价值量一样大，因为商品的价值量是由社会必要劳动时间决定的

5. 一件刚上市时能卖到800多元的衣服，过了一段时间，往往用400元就能买到。下列说法正确的是(　　)。

A. 尽管800元和400元都是这件衣服的价格，但商品的价格总的来说还是由其价值量所决定

B. 价格从800元降到400元是因为供求的变化，所以商品的价格是由供求决定的

C. 市场上的商品价格忽高忽低，简直没有任何规律，让人无所适从

D. 商品价格的变化是受价值规律支配的

6. 近来，许多城市出现的“拼消费”让人们感受到了现代模式的精打细算——“拼车”“拼房”“拼餐”。拼车可以节省50%以上的车费，拼餐可以品尝几倍自己餐费的美味。这种消费行为主要表现了(　　)。

A. 量入为出，适度消费　　B. 统筹兼顾，合理消费

C. 保护环境，绿色消费　　D. 勤俭节约，艰苦奋斗

7. 纸币是由国家发行并强制流通的货币符号，它可以(　　)。

A. 代替金属货币执行价值尺度的职能

B. 代替金属货币执行流通手段的职能

C. 代替金属货币执行支付手段的职能

D. 充当储蓄手段，并可以按一定汇率在不同国家之间进行兑换

8. 影响市场上商品价格变化的重要因素有(　　)。

A. 商品价值或货币自身价值的变化

B. 政府的宏观经济调控政策

C. 市场垄断或供求关系发生变化

D. 商品经营者之间的价格竞争

9. 在商品经济运行中，价值、价格、供求三者之间的关系是(　　)。

A. 价格受供求关系影响，围绕价值上下波动

B. 价格受价值影响，随供求关系变化而变动

C. 价格由价值决定，反映价值并反映供求关系
D. 价格由价值决定，受供求关系影响又制约供求关系
10. 价值规律是商品经济的基本规律，价值规律的内容和要求是(　　)。
A. 商品价值量由个别劳动时间决定
B. 商品价值量由社会必要劳动时间决定
C. 商品交换以价值量为基础，实行等价交换
D. 价格围绕价值随供求关系的影响上下波动

三、名词解释

1. 商品

2. 商品的价值

3. 货币

4. 价值尺度

5. 价格

6. 流通手段

7. 纸币

8. 价值规律

9. 价值表现形式

四、简答题

1. 什么是货币？货币的本质是什么？

2. 简述价值规律的基本内容、表现方式是什么？

3. 价值规律的作用有哪些？

4. 如何树立正确的消费观？

5. 什么是社会必要劳动时间？它与价值量是什么关系？

6. 去年过春节时，舅舅给小华买了一套衣服，奶奶从乡下送来了自家养的鸡和种植的大米，爸妈在饭店请大家吃年夜饭。这里的衣服、鸡、米、年夜饭都是商品，正确吗？为什么？依据是什么？

7. 价格是价值的货币表现形式，有价格的必有价值。正确吗？为什么？

8. 货币本身也是一种商品，同其他商品没有任何区别。正确吗？为什么？

9. 价值规律就是等价交换的规律。正确吗？为什么？

10. 凡是具有使用价值的东西，都具有价值。正确吗？为什么？

11. 生活中有哪些常见的消费心理？

任务二 认识企业生产与经营

知识目标

(1) 企业的含义；提高经济效益的途径。

(2) 企业成功的主要因素；如何提高劳动者的素质。

能力目标

(1) 公司的含义；企业怎样才能提高经济效益。

(2) 企业的经营发展，企业的优胜劣汰；劳动者的就业观和提高素质的途径。

情感、态度与价值观目标

通过学习，使学生明白企业和公司的区别；企业提高自己经济效益的重要意义和该如何做才是一个合格的劳动者。

教学重点、难点

1. 提高经济效益的途径；企业成功的因素；全面提高劳动者素质。
2. 如何提高企业的经济效益；如何树立正确的就业观。

【考核建议】

1. 考核知识点：企业的含义和类型

建议考核形式：选择题、判断题、简述。

2. 考核知识点：提高经济效益的主要途径，增强诚信意识和创新意识

建议考核形式：选择题、判断题、情境分析题。

3. 考核知识点：成为高素质劳动者

建议考核形式：情境分析题。

【知识梳理】

一、企业的含义和类型(了解)

1. 企业的含义和类型

(1) 含义：企业是依法设立、以营利为目的、向社会提供商品的经济组织。

企业是营利性组织，能够自负盈亏，对自己的经营活动成果承担责任；企业必须拥有一定的资产，有自己的名称、组织机构和场所，要按照现行的法律、法规和有关政策规定办理相关的等级审批手续。

（2）类型：①在我国，企业按所有制划分为国有企业、集体企业、私营企业、混合所有制企业，其中，国有企业和集体企业是公有制经济，在国民经济中占主体地位。②按企业的组织形式划分为个人独资企业、合伙企业和公司制企业。公司制企业是现代企业主要的、典型的组织形式。

2. 公司的类型

（1）有限责任公司和股份有限公司。

（2）特征：有限责任公司和股份有限公司的共同特征是“有限”。“有限”是指股东对公司债务负有限清偿责任。

股票在证券交易所上市交易的股份有限公司，被称为上市公司。

二、提高经济效益的主要途径(理解)

1. 企业的经济效益

企业的经济效益是指企业的产出与投入之间的比例关系。提高企业的经济效益，就是要降低企业的生产成本，以最小的投入，获得最大的产出。

2. 提高经济效益的主要途径

（1）面向市场，开发适销对路的产品：研究市场、面向市场、引导市场。

（2）创新技术，推动企业向集约型发展：调整产业结构、加快技术进步、产品升级换代、实现集约型转变。

（3）提高质量，树立良好的企业信誉和形象：以质量求生存，树立诚信，追求创新。

（4）改善管理，提高企业经营管理水平。

（5）适度扩张，追求规模效益：分工和协作，合并和联合。

3. 高素质的劳动者是企业经济效益提高的最关键因素

三、成为高素质劳动者(里解、养成、践行)

1. 劳动模范显身手

劳动者是社会物质财富和精神财富的创造者。

2. 人力资源是第一资源

（1）人力资源是企业发展最重要的资源。

（2）高素质的劳动者是企业核心竞争力的关键所在。

（3）不断提高劳动者素质是企业长盛不衰的保证。

3. 成为高素质的劳动者

（1）确立职业理想，制定切实可行的职业生涯规划。（志不立，天下无可成之事。）

（2）培养道德品质，养成良好的行为习惯。（人无德不立，国无德不兴。）

（3）学好专业知识，提高职业技能。（万贯家财，不如一技在身。）

（4）掌握学习方法，培养自学能力。（活到老，学到老。）

（5）提高身体健康水平，增强心理素质。（劳其筋骨，苦其心志。）

练　习　题

一、单选题

1. 据报道，某民营企业开发出科技含量很高的环保型“果冻蜡”“水晶蜡”“魔术蜡”等科技蜡烛，畅销欧美市场，每支获利近2美元，仅蜡烛出口创汇两年达2500多万美元。三支蜡烛抵得上一台大彩电的利润。在这一事例中，该民营企业主要依靠(　　)产生了经济利益。

A. 树立品牌形象　　B. 企业科技进步

C. 翻新花样　　D. 产品适销对路

2. 下列选项中不属于企业的是(　　)。

A. 海尔集团　　B. 白天鹅酒店

C. 故宫博物院　　D. 中国电信公司

3. “蒙牛”“伊利”和“光明”都是中国名牌产品，都以中国知名品牌做了大量广告宣传。因产品质量问题，原国家质量监督检验检疫总局决定，撤销它们的中国名牌产品称号，这表明(　　)。

A. 企业对产品的宣传力度能体现品牌效应

B. 产品质量是企业的生命，也是企业信誉和形象的集中体现

C. 激烈的市场竞争促使企业不惜一切求取利益

D. 产品只要有知名度就能保证企业发展

4. 关于提高经济效益的主要途径，下列说法错误的是(　　)。

A. 当企业处于盈利阶段时，就不需要开发新产品

B. 引进国外的先进技术、创新技术，推动企业集约型发展都是提高效益的途径

C. 企业规模经营，就给企业带来效益，但企业的规模不是越大越好

D. 诚信是企业经营的黄金法则，没有诚信企业难以立足

5. 关于企业中的劳动者的相关观点正确的是(　　)。

A. 企业之间的竞争是资金、技术、规模的竞争，然后才是人力资源的竞争

B. 员工无所谓优劣之分，企业效益的获得关键在于企业的管理者要管理到位

C. 劳动者的技能是最重要的，所以我们要勤练技能，其他的可以放一放

D. 道德品质是成为一名高素质劳动者的必备条件

6. 企业是依法设立，以营利为目的，向社会提供商品的经济组织，所以下列观点正确的是(　　)。

A. 营利是企业的主要目的，所以只要有利可图，就可以做任何事情

B. 企业生产的商品是要卖出去，才会有营利的可能

C. 只要营利的组织都是企业

D. 企业只要营利，就可以忽视社会效益

7. 在北京一些招聘会上，技工待遇优厚却很难招，而收入一般的一些事业单位人员招聘却人满为患，这种现象表明，劳动者要顺利实现就业和再就业，就应该(　　)。

A. 树立竞争意识，努力提高劳动技能

B. 转变就业观念，制定切实可行的职业生涯规划

C. 放弃到机关工作的想法

D. 选择收入相对较低的工种

8. 有人认为，“现在好好学习，就是为了将来不当工人，而是成为企业的管理人员”。对此，你赞同下列哪种观点(　　)。

A. 劳动没有高低贵贱之分，但管理人员的工资比工人高

B. 每个人的具体情况不同，可以根据自己的实际情况，确定职业目标

C. 当一名好工人比不上当一名管理人员，学习好的就应该争取成为管理人员

D. 企业发展中工人和管理人员都很重要，但是管理人员的地位比工人高

9. 我国法定公司形式有股份有限公司和有限责任公司，股份有限公司最基本的特征是(　　)。

A. 是企业法人　　B. 股份可以转让

C. 股东对公司承担有限责任　　D. 向社会公开筹股集资

10. 按组织形式划分，我国企业可分为(　　)。

①国有企业；②私营企业；③个人独资企业；④合伙企业；⑤公司制企业

A. ①②③④　　B. ①②③　　C. ①②⑤　　D. ③④⑤

11. 某企业利用资金优势和技术优势，有选择地兼并某些处于亏损状态的企业，实现了低成本扩张。目前，该企业已经在湖北、广东、贵州等地建立起控股公司，产品涉及多个领域，真正收到了1+1>2的经济效果。这反映了该企业提高经济效益的主要途径是(　　)。

A. 适销对路的新产品　　B. 创新技术

C. 适度扩张，追求规模效益　　D. 提高质量，树立良好信誉

12. 一家世界500强企业的董事长说：“如果你把我们的资金、厂房及品牌留下，把我们的人带走，我们的公司会垮掉；相反，如果你拿走我们的资金、厂房及品牌，而留下我们的人，十年内我们将重建一切。”对这段话的正确理解是(　　)。

A. 资金、厂房不重要　　B. 资金、厂房很重要

C. 人力资源是第一资源　　D. 人力资源不重要

13. 关于中国劳动力的总体状况，下列说法正确的是(　　)。

A. 中国劳动力资源丰富，劳动者素质高

B. 中国劳动力尽管整体教育程度低，但是吃苦耐劳，所以增强了企业的竞争力

C. 中国技能型人才严重缺乏，高技能人才更为短缺

D. 劳动力价格低廉是中国企业持续在国际竞争中获胜的法宝

14. “身价不是从学历中来，而是从学问中来；不是从资历中来，而是从能力中来；不是从索取中来，而是从奉献中来。”这是全国劳模、上海“智慧工人”李斌经历的真实写照。李斌从一名普通工人成长为一名专家工人反映了市场经济对于各类人才的需求。下列看法不正确的是(　　)。

A. 市场经济需要具有优良道德品质的高素质劳动者

B. 市场经济需要具有职业技能的高素质劳动者

C. 市场经济需要具有先进职业理念的高素质劳动者

D. 市场经济需要有身价的高素质劳动者

15. 我国的企业可以分为国有企业、集体企业、私营企业以及混合所有制企业，这种对企业分类的依据是(　　)。

A. 企业的组织形式　　B. 企业的规模

C. 企业的所有制形式　　D. 企业的投资者

只有初中文化的青岛港码头工人许振超，几十年来，结合本职工作不断学习，掌握了当代最先进的桥吊操作和修理技能。在他的带领下，青岛港创造出了世界一流的装卸效率，连续刷新集装箱单船装卸和作业效率的世界纪录。据此回答以下两题：

16. 从经济学的角度看，材料表明(　　)。

A. 我国产业工人的职业技能已经达到世界先进水平

B. 我国劳动者素质已经完全与社会经济发展需要相适应

C. 只要提高企业劳动者的素质，就能够提高经济效益

D. 劳动者的素质直接影响劳动生产率

17. 许振超的事例给中职生的启示是(　　)。

A. 竞争的日趋激烈要求劳动者自主学习新的技能，不断更新技术

B. 要树立自主择业观，充分发挥个人的聪明才智

C. 要树立多种方式就业观，实现灵活就业

D. 要培养道德品质，养成良好的行为习惯

18. 关于企业的生产经营和竞争，有人形象地说："一流企业卖品牌，二流企业卖技术，三流企业卖产品。"这种说法的主要依据是(　　)。

A. 品牌效应是企业唯一的竞争优势

B. 企业必须提高产品的科技含量

C. 品牌是良好信誉和企业形象的集中体现

D. 品牌比产品和技术更有价值

19. 关于提高经济效益的主要途径，下列说法错误的是(　　)。

A. 引进国外先进的技术，也是创新技术、推动企业集约型发展的途径

B. 当企业处于盈利阶段时，就不需要去开发新产品

C. 企业规模经营能给企业带来效益，但企业的规模不是越大越好

D. 诚信是企业经营的黄金法则，没有诚信企业难以立足

20. 企业发展最重要的资源是(　　)。

A. 人力资源　　B. 规章制度

C. 资金　　D. 技术和设备

21. 一般化妆品如果不开封，保存期可达三年左右，一旦开封，都很容易坏掉，不但效果大打折扣，甚至会伤害皮肤。针对这点，精明的商家推出了小巧的化妆品保鲜冰箱。这种美容冰箱一上市就得到了许多消费者的青睐。随着美容冰箱这一新鲜概念逐渐被人们认知，相关公司已开始下大力气开拓国内市场。上述材料说明(　　)。

A. 消费对生产具有反作用　　B. 消费结构决定生产结构
C. 消费方式决定生产方式　　D. 生产水平决定消费水平

22. 上题材料给我们的启示是(　　)。
A. 企业应不断改进技术，提高劳动生产率
B. 用新鲜概念包装产品才能占领市场
C. 没有生产就没有消费，生产起决定作用
D. 生产必须把握消费需求，不断推动产品创新

二、多选题

1. 企业设立需要以下条件(　　)。
A. 拥有一定的资产　　B. 有自己的名称、组织机构和场所
C. 符合法律规定的审批登记程序　　D. 没有条件

2. 按所有制形式划分，我国的企业可分为(　　)。
A. 国有企业　　B. 私营企业　　C. 个人独资企业
D. 合伙企业　　E. 公司制企业

3. 提高企业经济效益的主要途径是(　　)。
A. 依靠科技进步提高劳动生产率
B. 采用先进的管理方法，提高经营管理水平
C. 加强对职工的教育培训，提高劳动者素质
D. 提高消费者的购买力

4. 公司制企业有以下几种形式(　　)。
A. 个人公司　　B. 合伙公司
C. 有限责任公司　　D. 股份有限公司

三、简答题

1. 什么是企业？按所有制形式划分，企业的类型有哪些？

2. 为什么说人力资源是企业的第一资源？

3. 什么是公司制企业？我国法定的公司形式有哪些？

4. 企业经济效益的计算公式是什么？

5. 企业发展离不开的基本要素，其中最重要的要素是什么？为什么？

6. 提高企业的经济效益的主要途径有哪些？

7. 创新是企业的生命之源，分析创新对企业提高经济效益有哪些至关重要的作用。

8．请你说说中国企业利润低的主要原因是什么？

9. 2006 年王洪军荣获国家科技进步二等奖，成为第一位登上国家最高科技领奖台的一线工人，这能给你什么启发吗？

10. 王洪军说："荣誉属于过去，创造和奉献才是应该永远追求的。"你认为成为优秀员工应该具备哪些素养？

四、材料题

1. 一流的产品需要一流的技术工人来生产。人们经常抱怨国产汽车造型、性能跟不上世界潮流，有权威人士指出，其实，不是我们的工程师设计不出来，而是工人生产不出来，因为我们缺乏高级技术工人。

一份调查资料表明，近几年来，在企业从业人员中，技术工人比重逐年提高，然而，技术工人技术等级仍以初级工、中级工为主，文化水平以高中以下为主，高素质、高学历的技术工人比重偏低。拥有高级工以上(含高级工、技师、高级技师)技术等级证书的技术工人约占19%，中级工占33%，初级工占47%，而发达国家技术工人中，高级技工约占35%，中级工约占50%，初级工约占15%。不少企业遇到技术要求高的订单，由于工人技术达不到要求不敢接，令厂长经理十分头疼。

（1）我国目前劳动力资源的总体情况是怎样的？

（2）如何才能提高自己的素质，成为高素质的劳动者？

2. 论述中职生如何成为企业高素质的劳动者。（注：用自己所学的知识）

任务三　分析个人收入尝试理财

知识目标

(1) 个人收入的分配方式；效率与公平的辩证关系。

(2) 税收的种类和特征；储蓄存款和商业银行；识别股票、债券与商业保险的区别和含义。

能力目标

(1) 培养学生全面系统地看问题，正确认识现实生活中的收入分配差距；辩证地认识和对待生活中面临的各种矛盾。

(2) 概括各种投资方式的特点，利用所学知识分析不同条件下如何投资有利，为企业和个人投资提出建设性建议；提高综合分析问题的能力。

情感、态度与价值观目标

通过学习，使学生感受到我国现阶段的收入分配制度有利于充分调动各方面的积极性和创造性，有利于促进社会财富的增加和社会生产的发展；税收是国家收入的重要组成部分；培养良好的投资观念。

教学重点、难点

(1) 按劳分配是我国个人收入分配的主体；正确处理效率与公平的辩证关系。

(2) 存款储蓄；我国的商业银行；股票、债券、保险。

【考核建议】

1. 考核知识点：我国的分配制度

建议考核形式：选择题、判断题。

2. 考核知识点：处理好效率和公平的关系

建议考核形式：选择题、判断题。

3. 考核知识点：税收在我国财政收入中的地位和作用

建议考核形式：选择题、判断题。

4. 考核知识点：正确行使纳税人的权利和义务

建议考核形式：判断题、情境分析题。

5. 考核知识点：投资理财

建议考核形式：选择题、判断题。

【知识梳理】

一、我国的分配制度（理解）

1. 城镇居民收入结构（了解）

（1）工资性收入。

（2）经营性收入。

（3）财产性收入。

（4）转移性收入。

2. 农村居民收入结构（了解）

（1）工资性收入。

（2）家庭经营收入。

（3）财产性收入。

（4）转移性收入。

3. 个人的收入与分配（理解）

生产决定分配，生产资料所有制形式决定分配方式。在社会主义初级阶段，实行公有制为主体、多种所有制经济共同发展的基本经济制度，相应地就此实行以按劳分配为主体、多种分配方式并存的分配制度。

（1）按劳分配为主体：是按照劳动者提供劳动的数量和质量为尺度分配个人消费品，多劳多得，少劳少得。

（2）按劳分配以外的分配方式：主要包括按个体劳动成果分配和按生产要素分配。

1）按个体劳动者劳动成果分配：个体劳动者个人占有生产资料，独立从事生产经营活动，其劳动成果扣除成本和税收后直接归劳动者所有，从而构成他们的个人收入。他们既是劳动者，又是经营者、投资者，不仅要付出劳动、谋划发展，还要承担经营风险。个体劳动者的合法收入受国家保护。

2）按生产要素分配：

① 按劳动要素分配：指在私营企业和外资企业中，劳动者所获得的工资收入。

② 按资本要素分配：指私营企业主生产经营取得的税后利润，包括债权人取得的利息收入、股息分红、债券、股票交易收入等。

③ 按技术要素分配：科技工作者提供新技术取得的收入，包括技术入股和技术转让。

④ 按管理要素分配：企业的管理人才凭借其管理才能在生产经营中的贡献而参与分配的形式。

二、处理好效率和公平的关系(理解、分析)

1. 分配原则

(1) 坚持效率原则：就是要大力发展生产力，坚持使劳动者的劳动贡献和劳动报酬紧密结合起来，按各种生产要素参与收入分配，打破平均主义，激励劳动者和建设者的积极性，鼓励人们多劳动、多积累。

(2) 坚持公平原则：就是要防止分配不公，避免个人收入差距过分悬殊。收入分配的公平主要是指收入分配的相对合理。

2. 处理好效率与公平的关系

(1) 在社会主义市场经济条件下，效率与公平是辩证统一的。

① 效率是公平的物质前提。只有在大力发展生产力、提高经济效率、增加社会财富的基础上，社会公平才能逐步实现。没有效率作为前提和基础的公平，只能导致平均主义和普遍贫穷。

② 公平是提高经济效率的保证，只有分配公平，才能维护劳动者权益，激发劳动者发展生产力、提高经济效率的积极性。

(2) 处理好二者之间的关系：初次分配与再分配都要注重效率与公平的关系，既要提高效率，又要促进公平。

既要反对平均主义，又要防止收入差距悬殊；既要落实分配政策，又要提倡奉献精神；在鼓励人们创业致富的同时倡导回报社会和先富帮后富。

三、税收在我国财政收入中的地位和作用(了解)

1. 税收及其种类

(1) 含义：人们习惯将税和税的征收合称为税收，从本质上看，税收是国家为了实现其职能，凭借政治权力，依法无偿取得财政收入的基本形式。

(2) 税收的特征：

① 强制性：国家凭借政治权力强制征收。纳税人必须依法纳税，税务机关必须依法征税。

② 无偿性：国家取得税收收入，既不需要返还给纳税人，也不需要对纳税人直接付出任何代价。

③ 固定性：国家在征税之前就以法律的形式预先规定了征税对象和税率，不经国家有关部门批准不能随意改变。

(3) 我国税收的种类：根据征税对象划分，目前我国税收分为流转税、所得税、资源税、财产税和行为税五大类，共二十多种。流转税主要有增值税和营业税，所得税包括个人所得税和企业所得税。增值税和个人所得税是影响最大的两个税种。

2. 个人所得税

(1) 含义：是国家对个人取得的各项收入征收的一种所得税，是我国税收的重要组成部分，是实现社会公平的有效手段。我国个人所得税按照应纳税项目不同，分别实行超额累进税率和比例税率。

（2）实行超额累进税率和比例税率的特点：纳税人所得越高，税率越高；所得越低，税率越低。（高收入者多纳税少收入者少纳税。）

3. 税收在我国财政收入中的地位和作用

税收是国家强制取得财政收入最直接的形式，也是征收面最广、最稳定可靠的财政收入形式。目前，我国税收收入占国家财政收入的90%左右。

我国税收的作用是取之于民、用之于民。国家通过集中缴纳的税收从事基础建设，发展公共教育、公共卫生、国防建设等事业。

四、正确行使纳税人的权利和义务（理解、践行）

1. 依法纳税是公民的基本义务

（1）在我国，税收取之于民、用之于民。国家利益、集体利益、个人利益在根本上是一致的。国家的兴旺发达、繁荣富强与每个公民息息相关，国家各项职能的实现必须以社会各界缴纳的各种税收作为物质基础。

（2）权利与义务是统一的。每个公民在享受国家提供的各种服务的同时，必须承担包括纳税在内的法定义务，自觉诚信纳税。

2. 正确行使纳税人的权利

公民要增强对国家公职人员及公共权力的监督意识，以主人翁的态度关注国家对税收的征管和使用，对贪污和浪费国家资财的行为进行批评和检举，以维护公民的合法权益和国家的利益。

3. 违反税法的现象

（1）偷税：是指纳税人有意违反税收管理法，用欺骗、隐瞒等方式不缴或少缴应纳税款的行为。

（2）欠税：是指纳税人超过税务机关规定的纳税期限，没有按时缴纳而拖欠税款的行为。

（3）骗税：是指纳税人用欺骗的方法获得国家税收优惠的行为。（虚列出口货物数量、虚报出口货物价格、虚报自然灾害等。）

（4）抗税：是指纳税人以暴力、威胁等手段拒不缴纳税款的行为。

五、投资理财（理解、分析、践行）

1. 储蓄

（1）储蓄的含义：是指将货币存入银行、信用合作社等金融机构，当存款到期或储户随时提取时，由金融机构归还本金和支付利息的活动。

（2）利息取决于三个因素：本金、存期和利率水平。利息的计算公式为：

存款利息=本金×利率×存款期限

（3）储蓄的分类：我国的储蓄主要有活期存款和定期存款两大类。

储蓄具有存取自由、安全性高、收益稳定等特点，目前是我国家庭主要的投资方式。

2. 股票

（1）含义：股票是股份有限公司在筹集资本时向出资人出具的股份凭证，是股东取得股息的一种有价证券。

（2）特点：①股票售出不返还。如要改变股东身份，要么等公司的破产清盘，要么将股票转售给第三人。②可转让，流通性强。经国家证券管理部门审批同意后，股票一般可以在股票市场上交易，这种流通性是股票的生命力所在。③ 高风险、高收益。

（3）股票投资的收入包括两部分：一部分是股息和红利收入，即股票持有人作为股东享有的定期从股份公司取得的利润分配收入。公司只有盈利，才能分配股息和红利。如果公司破产倒闭，股东不但不能获得收入，反而要赔本，这就是购买股票的一种风险。

投资股票的另一部分收入来源于股票价格上升带来的差价，这种收益有时很高。由于股票价格要受到诸如公司经营状况、供求关系、银行利率、大众心理等多种因素的影响，其波动有很大的不确定性。正是这种不确定性，有可能使股票投资者遭受损失。价格波动的不确定性越大，投资风险也越大。因此，股票是一种高风险的投资方式。

3. 债券

（1）债券的含义：是一种债务证书，即筹资者给投资者的债务凭证，承诺在一定时期支付约定利息，并到期偿还本金。

（2）债券的分类。目前在我国，根据发行者不同，债券主要分为国债、金融债券和企业债券。

4. 保险

购买保险是一种规避风险的投资工具。

（1）商业保险的含义：指投保人根据合同约定，向保险人支付保险费，保险人对于合同约定的可能发生的事故因其发生所造成的财产损失承担赔偿保险金责任，或当被保险人死亡、伤残、疾病或者达到合同约定的年龄期限时，承担给付保险金责任的行为。在我国，只有依法设立的保险公司才能经营保险业务。

（2）保险分为人身保险和财产保险两大类。人身保险是以人的寿命和身体为保险对象，如健康险、意外伤害险、人寿险等。财产保险是以财产及其有关利益为保险对象，如汽车保险、运输保险等。投保人和保险人应当遵循公平互利、协商一致、自愿订立的原则，订立保险合同。

总之，投资理财有多种工具，不同的人因其经济状况、性格特点、投资兴趣、知识结构的不同，理财目标和投资方式也有差异。投资理财的目的是为了实现资产的增值保值，因此，投资时要根据自己的风险承受能力，理性理财。

练 习 题

一、单项选择题

1. 现阶段，我国的个人收入分配制度是(　　)。

A. 按生产要素分配为主体，多种分配方式并存

B. 按劳分配为主体，其他分配方式为补充

C. 按劳分配为主体和多种分配方式相结合

D. 按劳分配为主体，多种分配方式并存

2. 实行按劳分配，是由我国现实的经济条件决定的。下列对按劳分配认识正确的是(　　)。

A. 按劳分配是市场经济中个人消费品分配的根本原则

B. 按劳分配是以劳动者向社会提供的劳动数量为尺度进行分配

C. 按劳分配可以完全避免收入分配的差别

D. 按劳分配有利于调动劳动者的积极性和创造性

3. 某研究生在国有科研单位工作，年薪 6 万元；利用业余时间在私营企业兼职，年薪 2 万元；转让技术 3 万元；购买股票分红利 2.5 万元。其中，按劳分配和非按劳分配的收入分别为(　　)。

A. 8 万元、7.5 万元　　B. 6 万元、7.5 万元

C. 8 万元、5.5 万元　　D. 6 万元、5.5 万元

4. 我国自 2004 年起，正式施行《最低工资规定》，这体现了(　　)。

A. 在初次分配中坚持效率原则　　B. 在初次分配中坚持公平原则

C. 在再分配中坚持效率原则　　D. 在再分配中坚持公平原则

5. 基尼系数是国际上衡量收入分配均等程度的重要标志，基尼系数越大，表明收入分配差距越大。有关统计显示，我国城市居民的基尼系数 1978 年是 0.16，目前已经接近 0.5，这表明(　　)。

A. 我国在初次分配中要更加注重公平

B. 我国在再分配领域中要更加注重公平

C. 我国的分配制度要坚持公平优化，兼顾效率

D. 我国坚持再分配主要由市场形成的原则

6. 全国税务机关严打税收违法犯罪，统计数据显示，2014 年全国查补税款 1722 亿元。2015 年税务总局从十个方面推出创新举措，以提高执法力度和管理效能，优化纳税服务，释放改革红利，激发市场主体活力。这表明(　　)。

A. 税收具有固定性　　B. 税收具有强制性

C. 税收具有无偿性　　D. 税收具有平等性

7. 在市场上，个别商品经营者对不要发票的消费者会给予一定额度的优惠，这种行为属于(　　)。

A. 中华人民共和国公民有依法纳税人的义务

B. 纳税人应该自觉履行纳税义务，行使纳税人的权利

C. 纳税人应该对国家公职人员及公共权力进行监督

D. 债权人关注国家对税收的征管和使用是多此一举

8. 关于我国三种主要债券，下列说法正确的是(　　)。

A. 国债具有低风险、高收益的特点

B. 金融债券是银行为了筹集资金而发行的债券

C. 企业债券风险大、收益高

D. 债券利率固定，风险较大

9. 2007 年 12 月 21 日起调整金融机构人民币存贷款基准利率，一年期存款的基准利率由 3.87%提高到 4.14%，利息税为 5%。假如某人于 2008 年 5 月 1 日在银行存入人民币 10000 元整，2009 年 5 月 1 日他能得到的本息合计是(　　)。

A. 414 元　　B. 393.3 元　　C. 10414 元　　D. 10393 元

10. 近年来，国债成为我国人民经济生活中的一个亮点，新发行的国债出现了热销的场面，在我国，国债之所以会出现热销的场面，是因为国债(　　)。

A. 在各种投资方式中风险最小

B. 以定期取得红利为补偿条件，其安全性强

C. 具有拉动经济增长的功能

D. 由国家信誉和财力为担保，信用度高，风险小

11. 下列关于商业保险说法不正确的是(　　)。

A. 只有依法设立保险公司才能经营保险业务

B. 商业保险分为人身保险和财产保险、分红保险三大类

C. 投保人和保险人应当遵循公平互利、协商一致、自愿订立的原则订立保险合同

D. 是投保人转移风险、降低自己损失的一种手段

12. 李明同学全家月收入 8000 元左右，除生活消费外，尚有部分积蓄，他的爸爸和妈妈想把节余的钱用来投资。你认为他们在选择投资时应注意的问题有(　　)。

① 既要考虑投资的回报率，也要考虑投资的风险性；② 要考虑自身的经济状况，以及家庭消费计划；③ 必须注意投资渠道多元化，以最大限度规避风险；④ 应该集中全部资金投资收益最高的理财产品

A. ①③④　　B. ②③④　　C. ①②④　　D. ①②③

13. 在我国，坚持按劳分配能够调动劳动者的积极性和创造性，这是因为(　　)。

A. 它把劳动者的个人收入与劳动的数量和质量直接联系在一起

B. 它促进了社会生产力的发展

C. 按劳分配是消灭剥削和消除两极分化的重要条件

D. 它体现了劳动者共同劳动、平均分配的社会地位

14. 在市场上经常见到这样的情形：顾客问“能否优惠些？”售货员答“不要发票就优惠。”发票是确定买卖双方权利义务的合法凭证，是计算税收的依据，商店不开发票(　　)。

A. 是骗税行为，应受到法律的制裁　　B. 表明企业具有经营自主权

C. 消费者得到实惠，最终有利于消费者　　D. 是偷税的表现

15. 下列关于我国最低工资保障制度的说法，不正确的一项是(　　)。

A. 它是国家保障低收入劳动者收入的一项基本制度

B. 它是法定工作时间内劳动者提供正常劳动，用人单位须支付的最低劳动报酬

C. 最低工资不包括加班工资

D. 津贴是最低工资的一部分

16. 下列有关税收的说法错误的一项是(　　)。

A. 税收具有强制性、有偿性和固定性

B. 根据征税对象可分为流转税、所得税、资源税、财产税和行为税

C. 税收取之于民、用之于民，依法纳税是公民的基本义务

D. 所得税包括个人所得税和企业所得税

17. 李某是一名国有企业工程师，去年工资收入是36000元，奖金8000元，个人专利转让收入5000元；其妻开一家个体杂货店，年收入15000元；家里有房出租，年收入6000元。去年李某一家按劳分配收入和按生产要素分配收入分别是(　　)。

A. 44000元，26000元　　B. 36000元，19000元

C. 49000元，21000元　　D. 44000元，11000元

18. 按劳分配就是按(　　)。

A. 劳动者提供的才能和贡献分配个人消费品

B. 劳动者提供的劳动数量和质量分配个人消费品

C. 劳动能力分配个人消费品

D. 劳动力价值分配个人消费品

19. 社会主义社会实行按劳分配的直接原因是(　　)。

A. 社会主义生产资料公有制

B. 旧的社会分工的存在和劳动仍是人们谋生的手段

C. 社会主义生产力水平还不高

D. 社会成员中存在着不同的阶层

20. 扩大居民消费需求需要探索居民增加财产性收入渠道。居民合法的财产性收入包括利息收入、股息分红和债券、股票交易收入等。这些都属于__________获得的收入。

A. 按资本要素分配　　B. 按劳动要素分配

C. 按技术要素分配　　D. 按管理要素分配

21. 在发达国家，工资一般占企业运营成本的50%左右，而在中国还不到10%。在发达国家，劳动报酬在国民收入中所占的比重一般在55%以上，在中国则不到42%，并呈逐年下降的趋势，这给我们的启示有(　　)。

①要保证企业收入在初次分配中占合理比重；②要保证企业职工收入在初次分配中占合理比重，建立企业职工工资正常增长机制；③要充分发挥再分配在企业职工工资增长中的作用；④要维护好劳动者的相关权利

A. ①②　　B. ②④　　C. ①④　　D. ②③

22. 我国现阶段实行按劳分配为主体、多种分配方式并存的分配制度。实行这种分配制度的根本原因是(　　)。

A. 我国实行公有制为主体、多种所有制经济共同发展的基本经济制度

B. 我国构建和谐社会的客观要求

C. 我国现阶段生产力发展的水平和特点

D. 由党的性质和国家性质决定的

23. 中国共产党第十八届中央委员会第三次全体会议公报提出要逐步解决收入分配不公问题，逐步形成橄榄型分配格局。我国之所以要解决收入分配公平，是因为它(　　)。

①能缩小收入差距，增加社会财富；②有助于实现经济发展、社会谐和；

③是中国特色社会主义的内在要求；④是提高经济效率的物质前提

A. ①②　　B. ②③　　C. ③④　　D. ①③

24. 老王是一位农民，承包村里的土地种果树，年收入3万元。家闲炒股收入也能有2万元，老王的儿子在一家私营企业上班，月收入4000元。下列对老王一家收入的认识正确的是(　　)。

①私营企业上班的收入属于按劳动要素分配所得；②炒股的收入属于按知识要素分配所得；③承包土地的收入属于按生产要素分配所得；④承包土地的收入属于按劳分配

A. ①④　　B. ①②　　C. ③④　　D. ②④

25. 实现发展成果由人民共享，就必须处理好效率与公平的关系。下列观点对效率与公平的一致性表达正确的是(　　)。

①效率是公平的物质前提；②公平是提高经济效率的保证；③效率提高意味着资源的节约和社会财富的增加；④收入分配公平，要求收入分配的相对平等

A. ①②　　B. ①③　　C. ②③　　D. ③④

26. 党的十八大报告指出，要深化收入分配制度改革，努力实现居民收入增长和经济发展同步、劳动报酬增长和劳动生产率提高同步。这“两个同步增长”(　　)。

①意味着国家富强，百姓拥有更多财富，分享发展成果；②意味着经济发展，居民收入增长，促进同步富裕；③有利于实现社会公平，保障居民收入在国民收入中占合理比重；④有利于完善分配格局，保证落实“效率优先，兼顾公平”的方针

A. ②③　　B. ①④　　C. ①③　　D. ②④

27. 下列说法中错误的是(　　)。

A. 生活中每个人都直接或间接地与纳税发生着联系

B. 生活中每个公民都是实际的负税人

C. 在实际生活中，有的纳税人并不就是负税人，有的负税人也不是纳税人

D. 所谓逃税，就是纳税人用欺骗手段获得国家税收优惠的行为，既可耻又违法

28. 下列属于按劳分配收入的是(　　)。

①张某在私营企业中获得的工资收入；②王某在农村集体经济联产计酬中获得的收入；③李某在国有企业中获得的福利性分配收入；④孙某在国家机关工作中获得的工资收入

A. ①②③　　B. ②③　　C. ③④　　D. ②④

29. 购买股票、债券所得，属按资本要素分配的收入。对这一分配形式的认识正确的有(　　)。

①它是资源优化配置的客观要求；②它是资本要素创造价值的结果；③它是我国现阶段的收入分配形式；④它是由宏观调控决定的分配方式

A. ①②　　B. ①③　　C. ②④　　D. ③④

30. 党的十七大报告首次提出，要提高劳动报酬在初次分配中的比重，这有利于(　　)。

①维护劳动者权益，促进社会公平；②在全社会形成热爱劳动、尊重劳动的良好风尚；③劳动报酬与经济增长、企业经济效益增长相适应；④完善按劳分配为主体、多种分配方式并存的分配制度

A. ①②③　　B. ②③④　　C. ①②④　　D. ①②③④

二、名词解释

1. 转移性收入

2. 按劳分配

3. 财产性收入

4. 基尼系数

5. 最低工资标准

三、简答题

1. 正确处理效率与公平关系的意义是什么？

2. 我国居民的收入主要由工资性收入、转移性收入、经营净收入和财产性收入四块构成，这是由什么样的分配制度决定的？

3. 你可以采取哪些投资理财使自己的收入增加？

4. 请说说你对金钱的看法。你认为金钱应该如何获得？

5. 你比较了解的现在居民收入的来源有哪几种？

6. 我们的个人收入为什么要缴税呢？

7. 针对“你不理财，财不理你”，说说你的看法。

8. 你认为参加商业保险的好处有哪些？

9. 你认为应该树立什么样的金钱观？

项目二 投身经济建设

任务一 理解社会主义基本经济制度

知识目标

(1) 识记我国的基本经济制度的具体内容、各种经济成分、公有制实现形式及其主体地位。

(2) 理解坚持社会主义初级阶段基本经济制度的意义。

(3) 运用所学知识，区分各种经济成分，并说明它们的作用。

能力目标

通过大量实例，理解基本经济制度符合我国基本国情，符合三个有利于标准。

情感、态度与价值观目标

通过本课学习，使学生认识到基本经济制度符合我国基本国情，有利于促进我国生产力发展，有利于改善人民生活。

教学重点、难点

(1) 公有制的主体地位。

(2) 国有经济的主导作用。

【考核建议】

1. 考核知识点：我国的基本经济制度

建议考核形式：选择题、判断题。

2. 考核知识点：坚持和完善社会主义基本经济制度

建议考核形式：辨析题。

【知识梳理】

一、我国的基本经济制度(理解)

(1) 我国社会主义初级阶段的基本经济制度是公有制经济为主体、多种所有制经济共同发展。

(2) 我国现阶段所有制结构的组成。

所有制结构：
- 公有制：国有经济、集体经济、混合经济中的公有成分
- 非公有制：外商和港澳台商投资经济、混合经济中的非公有成分、私营经济、个体经济

(3) 社会主义公有制经济的范围及其地位。

社会主义公有制经济包括国有经济、集体经济以及混合所有制经济中的国有成分和集体成分。

公有制经济的主体地位主要体现在两个方面：一是公有资产在社会总资产中占优势；二是国有经济控制国民经济命脉，对经济发展起主导作用。

(4) 非公有制经济的范围及其地位。

非公有制经济包括个体经济、私营经济、外商和港澳台商投资经济，以及各种混合所有制经济中的非国有、非集体成分。

非公有制经济是促进我国生产力发展的重要力量，不仅成为扩大就业的主渠道，而且成为活跃市场、增加税收、方便人民生活的生力军。

二、坚持和完善社会主义基本经济制度(理解、体验)

(1) 坚持和完善公有制经济为主体、多种所有制经济共同发展的基本经济制度，是我国社会主义初级阶段的基本国情决定的。

(2) 为什么要坚持公有制经济的主体地位？

① 中国是社会主义国家，必须坚持公有制的主体地位。

② 国有经济是我国国民经济的支柱，对国民经济具有控制力和影响力。

③ 在关系国家安全和国民经济命脉的重要部门和关键领域，应保持国有经济的支配地位。

④ 在其他领域，可以通过资产重组和结构调整，在市场竞争中提高国有经济的效益，实现国有资产的保值增值。

(3) 在坚持公有制主体地位和国有经济主导地位的同时，还必须发展多种所有制经济。

① 发展多种所有制经济是由我国目前生产力状况决定的。

② 发展多种所有制经济是建立和完善社会主义市场经济体制的要求。

总之，坚持和完善社会主义基本经济制度，就必须毫不动摇地巩固和发展公有制经济，必须毫不动摇地鼓励、支持和引导非公有制经济发展。

练 习 题

一、单项选择题

1. 我国现阶段实行按劳分配为主体、多种分配方式并存的分配制度。实行这种分配制度的根本原因是(　　)。

A. 我国实行公有制为主体、多种所有制经济共同发展的基本经济制度

B. 我国构建和谐社会的客观要求

C. 我国现阶段生产力发展的水平和特点

D. 由党的性质和国家性质决定的

2. 在我国现阶段，按劳分配在所有分配方式中占据主体地位，是由于(　　)。

A. 按劳分配在每个社会成员的收入来源中占据较大比重

B. 公有制在我国国民经济中占主体地位

C. 国有经济是我国经济的主体

D. 公有制企业个人收入来源多样化

3. 2013 年我国南海的局势更加严峻，但是在这种情况下我们仍要大力发展生产力，以经济建设为中心不动摇，聚精会神搞建设，一心一意谋发展。这是因为(　　)。

①我国正处于社会主义初级阶段；②社会主义本质的要求；③解决当前我国社会的主要矛盾的要求；④实现全面建设小康社会的目标的需要

A. ①②③　　B. ②③④　　C. ①③④　　D. ①②③④

4. 我国要坚定不移地保护和发展先进生产力，要防止(　　)

A. 改革，完善社会主义的各项基本制度

B. 一心一意追求经济发展的速度，片面强调 GDP 的增长

C. 全面提高劳动者的素质，实施人才强国战略

D. 实施科教兴国战略

5. 目前，活跃在城乡的以小型企业、微型企业、城乡个体工商户、创业者和农户为主的“草根经济”群体，是我国社会经济中最具活力的部分。“草根经济”的存在与发展(　　)。

①可以方便人民生活，扩大就业；②可以消除收入差距，实现社会公平；③对城乡共同发展起到了推动作用；④可以促进企业提高经济效益

A. ①③　　B. ①②　　C. ③④　　D. ②④

6. 私营经济具有不同于个体经济的本质特征，这是因为私营经济(　　)。

A. 是社会主义市场经济的重要组成部分

B. 以生产资料私有和雇佣劳动为基础

C. 以取得利润为目的

D. 有利于促进和增加就业

7. 2016 年上半年，我国某地区固定资产投资完成 2557. 97 亿元，其中国有及国有控股企业、外资企业、民间企业投资额所占比例分别为 23%、13%和 64%。这说明(　　)。

A. 国有经济在国民经济中起主导作用

B. 生产资料公有制是社会主义的根本经济特征

C. 多种所有制经济可以发挥各自优势，共同发展

D. 非公有制经济是社会主义经济的重要组成部分

8. 我国实行多种所有制经济协调发展，从根本上说是由下列情况决定的(　　)。

A. 公有制经济占主体地位　B. 生产力整体水平低，发展不平衡

C. 国有经济的控制力不强　D. 按生产要素分配的存在

9. 公有制经济的主体地位的理解错误的是(　　)。

A. 公有资产在社会总资产中占优势　B. 国有经济控制国民经济命脉

C. 国有经济对经济发展起主导作用　D. 公有制企业在数量上和质量上占优势

10. 在我国社会主义初级阶段，国有经济起主导作用，主要体现在控制力上。对国有经济的控制力，我们应这样理解(　　)。

① 对关系到国民经济命脉的重要行业和关键领域，国有经济必须占支配地位；② 普通竞争行业，国有经济逐步退出；③ 控制力表现在国有经济越多越好；④ 对于那些重要行业的龙头企业或重点企业，国有经济不一定要持100%的股份

A. ①②④　B. ①②③④　C. ①④　D. ①③④

11. 要大力发展生产力，就必须坚持以经济建设为中心不动摇，聚精会神搞建设，一心一意谋发展，这是因为(　　)。

①我国还处于社会主义初级阶段；②社会主义的本质要求；③我国社会的主要矛盾决定的；④称霸世界的需要

A. ①②③　B. ②③④　C. ①③④　D. ①②④

12. 下列对我国以公有制为主体、多种所有制经济共同发展的基本经济制度的认识，正确的是(　　)。

A. 各种经济成分同等重要，应一律平等对待

B. 国有经济在一切领域和地区都应占主导地位

C. 各种经济成分都有其存在和发展的必然性

D. 应鼓励各种经济成分在一切范围内发展

13. 混合所有制经济(　　)。

①是不同所有制经济按照一定原则实行联合生产或经营的经济形式；②其性质是公有制经济；③其中的国有、集体成分都是公有制经济的重要组成部分；④符合社会主 义市场经济发展的要求

A. ①②③　B. ①③④　C. ①②④　D. ②③④

14. 自1978年改革开放以来，我国公有制经济主体地位不断得到加强的同时，个体经济从无到有并快速发展。个体经济得以恢复和发展的原因在于(　　)。

①它是社会主义市场经济的重要组成部分；②它适应了我国现实生产力的状况；③它可以吸纳大量人口就业；④它是以劳动者自己劳动为基础的经济成分

A. ①②　B. ①③　C. ②③　D. ②④

15. 近年来我国私营经济保持了平稳快速发展，至目前，私营企业户数已占企业总数的60%以上，在全国工业增加值中私营经济产值增长率居首位。这一材料表明(　　)。

A. 私营经济的发展促进了生产力的发展

B. 私营经济在社会总资产中占有优势

C. 私营经济已成为我国国民经济的主体

D. 私营经济已成为我国社会主义经济制度的基础

16. 公有制的主体地位主要体现在(　　)。

①国有经济控制国民经济命脉；②公有资产在社会总资产中占优势；③国有经济在社会总资产中占优势；④对经济发展起主导作用

A. ①②④　　B. ①②　　C. ①③④　　D. ③④

17. 在我国，个体、私营经济都是(　　)。

A. 社会主义条件下的混合所有制经济

B. 社会主义市场经济的重要组成部分

C. 以生产资料私有制和雇佣劳动为基础

D. 以劳动者自己劳动力为基础的

18.《中华人民共和国物权法》于2007年10月1日施行。中国物权法坚持了在"平等保护"的前提下实现多种所有制经济共同发展的理想。参与物权法起草的专家说，在各国物权法中，我国第一个规定了"平等保护"原则，这是真正的中国特色。这表明(　　)。

A. 我国实行多种所有制经济共同发展的制度

B. 生产资料公有制是社会主义的根本经济特征

C. 多种所有制经济共同发展是社会主义经济制度的基础

D. 改革是社会主义的自我完善和发展

19. 改革开放以来，我国国民经济以年均不到9%的速度增长，而个体、私营经济的年均增长速度却达到了20%以上，它们对国内生产总值的贡献率从改革开放初期的不到1%增长到近年来的30%以上。这说明，在我国，个体、私营等非公有制经济已成为(　　)。

A. 我国社会主义经济的重要组成部分

B. 新增就业的主渠道

C. 我国国民经济发展的新的重要增长点

D. 促进社会稳定的重要因素

20. 国家出台有关推进国有资本调整和国有企业重组指导意见，提出要合理收缩中央企业分布范围，推进国有资本向关系国家安全、国民经济重要行业和重大基础设施等六大领域集中。这种调整(　　)。

①有利于增强国有经济在关键领域的控制力；②有利于国有资产质的提高；③有利于国有资产在社会总资产中占优势；④有利于巩固国有经济的主体地位

A. ①③　　B. ①②　　C. ②④　　D. ③④

21. 根据最近的统计数据显示，我国某地区个体经济私营经济创造的增加值在国内生产总值中的比重由5年前的28.3%增长到37.2%。该地区个体经济私营经济显著发展的原因是个体私营经济(　　)。

A. 适应社会化大生产发展要求

B. 适应社会主义市场经济发展要求

C. 在国民经济中逐渐起主导作用

D. 是社会主义市场经济的重要组成部分

22. 浙江省为非公有制发展营造宽松环境，坚持“不限比例看发展，不限成分看贡献，不限速度看效益”。之所以这样做是因为(　　)。

①非公有制经济与公有制经济可以相互促进、共同发展；②非公有制经济是社会主义市场经济的重要组成部分；③非公有制经济取代公有制经济占据主体地位；④非公有制经济是促进我国生产力发展的重要力量

A. ①②④　　B. ①②③　　C. ②③④　　D. ①③④

23. 下列属于公有制经济的是(　　)。

A. 混合所有制中的集体成分　　B. 混合所有制经济中的外资成分

C. 有限股份公司中的公众股　　D. 合伙企业

24. 随着我国社会主义市场经济体制的建立和不断完善，自2008年9月1日起，在全国统一停止征收个体工商户管理费和集贸市场管理费。这一决定有利于(　　)。

①使非公有制经济成为社会主义市场经济的重要组成部分；②促进个体、私营等非公有制经济持续健康发展；③各类市场主体的公平竞争；④产业结构的优化和升级

A. ①②　　B. ②③　　C. ①②③　　D. ①③④

25. 我国的基本经济制度是公有制为主体、多种所有制经济共同发展。对“公有制为主体”的正确理解是(　　)。

A. 公有制在各个经济领域中必须占支配地位

B. 在混合所有制经济中，公有制成分必须保持在50%以上

C. 公有制在各个地方都必须保持量和质的优势

D. 公有资产在社会总资产中占优势，国有经济要控制国民经济命脉

26. 要坚持公有制的主体地位，发挥国有经济的主导作用，使(　　)成为我国公有制的主要实现形式。

A. 股份合作制　　B. 租赁制　　C. 股份制　　D. 承包制

27. 党的十六届三中全会指出：要适应经济市场化不断发展的趋势，进一步增强公有制经济的活力，大力发展混合所有制经济。混合所有制经济是(　　)。

A. 市场经济的主体

B. 现代企业制度的基本特征

C. 非公有制经济的重要组成部分

D. 由不同所有制形成通过合股方式融合而产生的

28. 实行按劳分配为主体、多种分配方式并存的分配制度，其直接原因在于(　　)。

A. 我国处于社会主义初级阶段，生产力水平低且发展不平衡

B. 实行社会主义制度

C. 以实现共同富裕为根本目的

D. 实行公有制为主体、多种所有制经济共同发展的基本经济制度

29. 中国共产党第十八届中央委员会第三次全体会议指出，要积极发展国有资本、集体资本、非公有资本等交叉持股、相互融合的混合所有制经济，允许更多国有经济和其他所有制经济发展成为混合所有制经济。这是基于(　　)。

①混合所有制是我国基本经济制度的重要实现形式；②推动多种所有制经济相互促进、共同发展；③逐步改变国有经济在国民经济中的主导地位；④进一步扩大国有资本的投资范围

A. ①②　　B. ③④　　C. ①④　　D. ②③

30. 中国共产党的十六届三中全会指出，大力发展国有资本、集体资本和非公有资本等参股的混合所有制经济，实现投资主体多元化，使股份制成为公有制的主要实现形式。股份制成为公有制的主要实现形式(　　)。

①有利于扩大公有资产的支配范围；②符合社会化生产规律；③有利于增强公有制的主体地位；④能够使公有制企业避免优胜劣汰

A. ①②③　　B. ①③④　　C. ①②④　　D. ②③④

31. 中国共产党第十届全国人大五次会议通过的《中华人民共和国物权法》规定：国家、集体、私人的物权和其他权利人的物权受法律保护，任何单位和个人不得侵犯，这一规定(　　)。

①有利于维护社会主义市场经济秩序；②重在保护个人的私有财产；③重在提高股份制经济在公有制经济中的比重；④有利于促进公有制经济和非公有制经济的共同发展

A. ①③　　B. ②③　　C. ②④　　D. ①④

32. 社会主义经济体制是指(　　)。

A. 社会主义生产关系的总和　　B. 社会主义生产关系的基本规定性

C. 社会主义生产关系所采取的具体形式　　D. 社会主义生产关系和上层建筑的总和

二、名词解释

1. 国有经济

2. 集体经济

3. 混合所有制经济

4. 私营经济

三、简答题

1. 社会主义公有制的主体地位。

2. 怎样坚持和完善社会主义基本经济制度？

3. 党的十六大报告提出，要适应市场化不断发展的趋势，进一步增强公有制经济的活力，大力发展国有资本、集体资本和非公有资本等参股的混合所有制经济，使股份制成为公有制的主要实现形式。回答：

(1)股份制成为公有制的主要实现形式有什么重要意义？

(2)公有制的企业实行股份制后，性质是否发生改变？为什么？

4. 随着我国国有企业改革的逐步深入，人们一直在努力寻求公有制的有效实现形式。从放权让利到推行股份制和发展混合所有制，再到股份制和混合所有制成为公有制的主要实现形式，逐步找到了公有制与市场经济相结合的形式和途径。有的经济学家估计，以股份制为主体的混合所有制占我国总体经济的比重不断上升，经过多年的改革，混合所有制经济已经占比近 80%。

问题：有观点认为，发展股份制、混合所有制会使公有制尤其是国有经济比重下降，从而危及我国的国家性质。请运用相关知识简要评析。

任务二　认识社会主义市场经济

知识目标

理解市场经济的内涵，市场经济的一般特征，社会主义市场经济的基本特征，国家宏观调控的必要性。

能力目标

能正确理解我国的社会主义市场经济的特点，能树立适应社会发展的意识。

情感、态度与价值观目标：

引导学生树立正确的竞争意识，学法、用法、守法，用法维护合法权益。

教学重点、难点

(1) 社会主义市场经济的基本特征。

(2) 国家宏观调控的必要性。

【考核建议】

1. 考核知识点：社会主义市场经济的基本特征

建议考核形式：选择题、判断题。

2. 考核知识点：遵循市场规则，维护市场秩序

建议考核形式：情境分析题。

【知识梳理】

一、社会主义市场经济制度(理解)

1. 资源配置的两种基本手段：计划和市场

(1)计划在资源配置中起基础性作用的经济体制是计划经济。

(2)市场在资源配置中起基础性作用的经济体制是市场经济。

在市场经济中，供求、价格、竞争等市场机制就像一只“看不见的手”，自动引导着千千万万生产者和消费者的行为，调节着人、财、物的合理流动与有效使用。

2. 计划与市场的关系

在社会主义市场经济中，计划和市场两种基本手段相互配合、缺一不可，但两者地位并不等同。市场的调节作用实际上是价值规律在起作用，市场对资源配置起基础性的作用，计划是对市场失灵的校正和补充。

3. 社会主义市场经济的基本特征

我国的社会主义市场经济体制具有市场经济的一般特征和自己的鲜明特征。

(1) 一般特征：平等性、竞争性、法制性、开发性。

(2) 鲜明特征：①社会主义市场经济是公有制占主体地位的市场经济。②社会主义市场经济以实现共同富裕为根本目标。③社会主义市场经济是政府实行强有力调控的市场经济。

4. 国家宏观调控的目标

促进经济增长、充分就业、通货稳定、保持国际收支平衡。

5. 国家宏观调控的手段

法律手段、经济手段、行政手段、舆论手段。其中，财政政策工具、货币政策工具是政府经常使用的经济手段。

二、遵循市场规则，维护市场秩序(理解、养成、分析、践行)

1. 市场经济的规则

是指在市场经济活动中，生产者和消费者必须共同遵守的规矩和原则。主要有：

(1)自愿交易：是指生产者和消费者在与谁进行交易、以什么价格进行买卖等方面具有充分的自由，反对任何形式的强买强卖。

(2)平等竞争：是指个人、企业、政府在市场活动中具有平等地位，按照相同规则开展竞争，禁止任何形式的特权和歧视。

(3)诚实守信：是指在市场活动中，买卖双方必须以诚待人、信守诺言、严格执行合同、履行义务、行使权利，杜绝坑蒙拐骗、假冒伪劣。

(4)等价有偿：是指在市场活动中，交易双方的权利和义务对等，不得无偿占有、剥夺他人财产，实行等价交换原则。

2. 市场规则与市场秩序的关系

一方面，要求企业与居民自觉遵守市场规则；另一方面，政府应加强市场监管，维护市场秩序。市场的有效运行离不开良好的市场秩序，而良好的市场秩序依靠规则来保证，没有规矩不成方圆。

三、学习中共十九届四中全会决定

中共十九届四中全会通过《中共中央关于坚持和完善中国特色社会主义制度 推进国家治理体系和治理能力现代化若干重大问题的决定》。《决定》提出，国家行政管理承担着按照党和国家决策部署推动经济社会发展、管理社会事务、服务人民群众的重大职责。必须坚持一切行政机关为人民服务、对人民负责、受人民监督，创新行政方式，提高行政效能，建设人民满意的服务型政府。

在完善国家行政体制方面，《决定》指出，以推进国家机构职能优化协同高效为着力点，优化行政决策、行政执行、行政组织、行政监督体制。健全部门协调配合机制，防止政出多门、政策效应相互抵消。深化行政执法体制改革，最大限度减少不必要的行政执法事项。进一步整合行政执法队伍，继续探索实行跨领域跨部门综合执法，推动执法重心下移，提高行政执法能力水平。落实行政执法责任制和责任追究制度。创新行政管理和服务方式，加快推进全国一体化政务服务平台建设，健全强有力的行政执行系统，提高政府执行力和公信力。

在优化政府职责体系方面，《决定》提出，完善政府经济调节、市场监管、社会管理、公共服务、生态环境保护等职能，实行政府权责清单制度，厘清政府和市场、政府和社会关系。深入推进简政放权、放管结合、优化服务，深化行政审批制度改革，改善营商环境，激发各类市场主体活力。健全以国家发展规划为战略导向，以财政政策和货币政策为主要手段，就业、产业、投资、消费、区域等政策协同发力的宏观调控制度体系。完善国家重大发展战略和中长期经济社会发展规划制度。完善标准科学、规范透明、约束有力的预算制度。建设现代中央银行制度，完善基础货币投放机制，健全基准利率和市场化利率体系。严格市场监管、质量监管、安全监管，加强违法惩戒。完善公共服务体系，推进基本公共服务均等化、可及性。建立健全运用互联网、大数据、人工智能等技术手段进行行政管理的制度规则。推进数字政府建设，加强数据有序共享，依法保护个人信息。

在优化政府组织结构方面，《决定》指出，推进机构、职能、权限、程序、责任法定化，使政府机构设置更加科学、职能更加优化、权责更加协同。严格机构编制管理，统筹利用行政管理资源，节约行政成本。优化行政区划设置，提高中心城市和城市群综合承载和资源优化配置能力，实行扁平化管理，形成高效率组织体系。

在健全充分发挥中央和地方两个积极性体制机制方面，《决定》要求，理顺中央和地方权责关系，加强中央宏观事务管理，维护国家法制统一、政令统一、市场统一。适当加强中央在知识产权保护、养老保险、跨区域生态环境保护等方面事权，减少并规范中央和地方共同事权。赋予地方更多自主权，支持地方创造性开展工作。按照权责一致原则，规范垂直管理体制和地方分级管理体制。优化政府间事权和财权划分，建立权责清晰、财力协调、区域均衡的中央和地方财政关系，形成稳定的各级政府事权、支出责任和财力相适应的制度。构建从中央到地方权责清晰、运行顺畅、充满活力的工作体系。

练 习 题

一、单项选择题

1. 建立社会主义市场经济体制主要是使市场(　　)。
A. 在流通领域中发挥自发的调节作用
B. 自发调节生产，达到生产与需求的平衡
C. 对资源配置起重要作用
D. 在国家的宏观调控下对资源配置起基础性作用

2. 社会主义市场经济的基本标志是(　　)。

A. 解放和发展社会生产力　　B. 坚持公有制的主体地位

C. 实现共同富裕　　D. 实行强有力的宏观调控

3. 我国政府采取多种措施解决民生问题，稳步推进扶贫开发工作。这说明社会主义市场经济的根本目标是(　　)。

A. 解决和发展社会生产力　　B. 坚持公有制的主体地位

C. 实现共同富裕　　D. 实行强有力的宏观调控

4. 近年来，我国综合运用多种货币政策工具，保持适度流动性，实现货币信贷和社会融资规模的合理增长。这体现了国家对经济进行宏观调控的(　　)。

A. 经济手段　　B. 财政手段　　C. 行政手段　　D. 法律手段

5. 针对经济运行的态势，政府对不同行业采取了不同措施，如国家继续加大支农财政补贴，对部分住房交易全额征收营业税，对农业和房地产业采取不同措施等。这是政府在(　　)。

①弥补市场调节的缺陷；②调整经济结构；③运用行政手段进行宏观调控；④利用经济手段进行宏观调控

A. ①③　　B. ②④　　C. ①③④　　D. ①②④

6. 随着私家车的大量增加，停车难的困境日益显现。针对这一情况，某市规定：闹市路边车位 15 元/时，而地下车库车位 5 元/时，有效地缓解了停车难的状况。在这一过程中，经济杠杆能够发挥调节作用的根本原因是(　　)。

A. 经济手段是以政府强制力为后盾的

B. 经济手段直接关系着市场主体的利益

C. 经济手段能够弥补市场调节的缺陷

D. 经济手段能够抑制经济发展中的波动

7. 社会主义市场经济能够实行强有力的宏观调控，根本原因是社会主义市场经济(　　)。

A. 坚持公有制的主体地位　　B. 弥补了市场的不足

C. 充分发挥了计划的长处　　D. 克服了市场的弊端

必须坚持政府调控与市场机制有机统一。健全的市场机制、有效的宏观调控，都是社会主义市场经济体制不可或缺的重要组成部分。据此回答 8、9 题。

8. 在社会主义市场经济条件下，市场机制和宏观调控的关系是(　　)。

A. 宏观调控为主，市场机制作补充

B. 市场机制和宏观调控都对资源配置起基础性作用

C. 宏观调控和市场机制谁主谁次，由具体经济形势而定

D. 市场机制在宏观调控下对资源配置起基础性作用

9. 在市场经济条件下，对资源配置起基础性作用的手段有(　　)。

①供求关系；②价格竞争；③竞争机制；④宏观调控

A. ①②　　B. ②③　　C. ①②④　　D. ①②③

10. 根据近年来各地过高房价较难控制的现象，说明下面各项应该得到加强的是(　　)。

A. 政府要强化对房地产企业内部经营活动的直接干预

B. 让市场供求来调节房价

C. 采取税收以外的其他经济措施来抑制房价

D. 综合运用经济的、法律的和必要的行政手段来调控房价

11. 所谓“马太效应”反映的是社会两极分化现象。从市场经济角度看，要将“马太效应”对和谐社会的负面效应降低到最小限度，需要(　　)。

A. 发挥市场在资源配置中的基础性作用

B. 国家加强和改善宏观调控

C. 充分发挥企业的主体作用

D. 努力提高经营者以及消费者的职业道德

12. 国家发改委在全国统一开通价格举报电话“12358”，这是政府运用(　　)进行宏观调控。

A. 经济手段　　B. 舆论手段　　C. 行政手段　　D. 法律手段

13. 国家曾多次对房地产市场过高的价格“重拳出击”，下列认识正确的有(　　)。

①国家调控房价是市场经济价值规律的自发要求；②房地产商盲目追求高额利润会推动房价高涨；③房价过高会影响人民群众的基本住房需求；④市场调节具有滞后性，国家必须及时干预

A. ①②④　　B. ①③④　　C. ②③④　　D. ①②③

14. 改革开放多年来，我国在发展市场经济的同时，也注重社会公平，运用财政、金融、税收等手段加大扶贫力度，促进社会公平，防止两极分化。国家之所以采取上述措施，是因为(　　)。

①加强国家宏观调控是市场发挥作用的基础；②市场调节不是万能的；③公平是效率的保障，实现相对公平，能够促进效率的提高；④社会主义市场经济以实现共同富裕为根本目标

A. ①②④　　B. ①②③　　C. ②③④　　D. ①③④

15. 党的十八大报告中指出，要合理调整国民收入分配，提高城乡居民收入水平，提高劳动报酬在初次分配中的比重，增加低收入者收入，建立企业职工工资正常增长机制和支付保障机制。这表明(　　)。

A. 坚持公有制的主体地位是社会主义市场经济的基本标志

B. 社会主义市场经济以实现共同富裕为根本目标

C. 在社会主义条件下，国家能够实行强有力的宏观调控

D. 有效调节收入差距，是政府宏观调控的根本目标

16. 一般来讲，经济调节有三大类型：完全市场调节型、完全政府调节型、市场调节加政府调节型。随着社会主义市场经济体制的不断完善，我国的经济调节将会更多地采用(　　)。

A. 完全市场调节型　　B. 完全政府调节型

C. 市场调节加政府调节型　　D. 以政府调节为主，市场调节为辅

17. 2014年6月，总投资2013亿元、输水干线全长1432公里的南水北调中线工程将进行试通水，汛期后实现通水目标。这充分说明(　　)。

A. 在社会主义市场经济条件下，单靠市场机制也可以实现资源的优化配置

B. 社会主义国家能够集中人力、物力、财力办大事

C. 能够实行强有力的宏观调控是社会主义市场经济的基本标志

D. 加强宏观调控是社会主义市场经济的基本特征

流传于百姓的民谚或口头禅，有的往往包含着深刻的经济学道理。据此回答18、19题。

18.“缺啥别缺钱，有啥别有病”这句口头禅道出了当今一些百姓对医院药价高的无奈。药价虚高很大程度上是由生产、销售药品的企业和医疗机构虚报成本、虚定高价所致。这表明市场经济具有(　　)。

A. 竞争性　　B. 盲目性　　C. 自发性　　D. 滞后性

19.“有形手，无形手，手拉手，向前走。”这句民谚说的是(　　)。

A. 发展市场经济要充分发挥市场的作用

B. 发展市场经济必须建立和完善各项法律制度

C. 发展市场经济要坚持市场调节与宏观调控相结合

D. 市场调节要以宏观调控为基础，宏观调控要以市场调节为取向

20. 我国要建立的宏观调控模式应该是(　　)。

A. 直接的调控模式　　B. 直接与间接调控平行结合的模式

C. 以间接调控为主的调控模式　　D. 以直接调控为主的调控模式

21. 在社会主义市场经济条件下，我国宏观经济调控的主要手段应是(　　)。

A. 计划手段　　B. 行政手段　　C. 法律手段　　D. 经济手段

22. 今后一个时期我国宏观调控的主要任务是(　　)。

A. 建立能够综合协调宏观经济政策和正确运用经济杠杆的机制

B. 保持经济总量的基本平衡，促进经济结构的优化，引导国民经济持续、快速、健康发展

C. 保障劳动者的充分就业，实现劳动力资源的合理利用

D. 组织公共部门和基础设施的建设，为经济和社会发展创造条件

23. 市场体系的三大支柱是(　　)。

A. 商品市场、技术和信息市场、房地产市场

B. 商品市场、资本市场、劳动力市场

C. 资本市场、技术和信息市场、劳动力市场

D. 生产资料市场、期货市场、技术和信息市场

24. 市场机制作用得到充分发挥的前提是(　　)。

A. 政府放弃宏观控制　　B. 政府加强宏观调控

C. 完备、统一的市场体系　　D. 计划与市场相结合

25. 社会主义市场经济体制下的价格形成机制应是(　　)。

A. 国家有计划制定价格

B. 计划定价为主，市场自由价格为辅

C. 以市场形成价格为主

D. 以企业自由定价为主

26. 社会主义市场经济最基本的主体是(　　)。
A. 国家　B. 管理者　C. 企业　D. 生产者
27. 经济体制改革确定什么样的目标，其核心是正确选择(　　)。
A. 资源的配置方式　B. 所有制形式
C. 经济决策体系　D. 利益和动力调节体系
28. 社会主义国家对国民经济实行直接调控和间接调控的主要区别在于(　　)。
A. 是否通过市场中介进行调控
B. 是否通过企业进行调控
C. 是否实行政企分开
D. 企业是否有自主经营权
29. 实现调控的主体是(　　)。
A. 企业　B. 市场　C. 行业组织　D. 政府
30. 社会主义宏观经济调控的基本目标是(　　)。
A. 保持社会总供给和社会总需求的平衡　B. 保持物价稳定，抑制通货膨胀
C. 实现充分就业　D. 实现公正的收入分配
31. 计划和市场是(　　)。
A. 划分社会主义和资本主义的标志　B. 存在于不同的社会制度中
C. 属于基本制度的范畴　D. 都是经济调节的手段
32. 我国经济体制改革的目标是建立(　　)。
A. 计划与市场内在结合的经济体制
B. 计划调节为主、市场调节为辅的经济体制
C. 社会主义市场经济体制
D. 完全由市场调节的市场经济体制
33. 社会主义市场经济区别于资本主义市场经济的主要之点在于(　　)。
A. 竞争方法不同　B. 政府控制手段不同
C. 所有制基础不同　D. 政治体制不同
34. 社会主义市场经济是一种(　　)的市场经济。
A. 自由放任　B. 政策微观调控
C. 国家宏观调控的现代　D. 同西方市场经济有根本区别
35. 社会主义经济在资源的配置方面，最为有效的体制是(　　)。
A. 传统的计划经济体制　B. 完全自由的市场经济体制
C. 社会主义市场经济体制　D. 计划为主、市场为辅的经济体制
36. 在市场经济发展中，既有市场在资源配置中起基础性作用，又有国家的宏观调控，这是由(　　)决定的。
A. 我国社会主义市场经济固有的特性
B. 所有市场经济本身的特点
C. 资本主义市场经济固有的特点
D. 计划经济与市场经济相结合产生的特点

37. 社会主义市场经济体制的基础是(　　)。

A. 以间接手段为主的宏观调控体系

B. 统一、开放、竞争、有序的市场体系

C. 以公有制为主体的现代企业制度

D. 合理的个人收入分配调度和社会保障制度

38. 在社会主义初级阶段，作为公有制经济重要组成部分的国有经济处于主导地位，绝不是人为的，而是由(　　)决定的。

A. 社会主义制度　　B. 经济规模和经济结构

C. 国有经济本身的性质　　D. 共产党的领导

39. 建立社会主义市场经济体制，就是要使市场在国家的宏观调控下对资源配置起基础性作用，对社会主义市场经济体制的正确理解是(　　)。

A. 社会主义市场经济体制与资本主义市场经济体制的区别在于是否有国家的宏观调控

B. 市场调节完全受价值规律的支配，国家宏观调控则主要是行政手段

C. 在资源配置中，市场的基础性作用与国家的宏观调控是内在统一的

D. 社会主义市场经济体制同社会主义基本制度结合在一起，说明市场经济本身就有一个姓“资”姓“社”的问题

40. 在一定的社会经济形态下，选择什么样的所有制结构，从根本上说是取决于(　　)。

A. 社会生产力的发展状况　　B. 社会人口的状况

C. 国家的大小　　D. 国家的经济体制

41. 党的“十七大”报告指出，我国“市场体系不断健全，宏观调控继续改善，政府职能加快转变”。下列行为属于宏观调控经济的手段的是(　　)。

A. 国家提高农产品收购价格　　B. 物价部门核准公共交通的价格

C. 国家修订个人所得税法　　D. 工商部门给新办企业发放营业执照

42. 在市场经济条件下，实现资源的优化配置，主要是通过(　　)来实现的。

A. 国家行政命令　　B. 计划经济

C. 价格、供求、竞争　　D. 国家宏观调控

43. 改革开放多年来，在我国公有制经济主体地位不断得到加强的同时，个体经济快速发展。个体经济得以恢复和发展的原因在于(　　)。

①它是社会主义市场经济的重要组成部分；②它适合了我国现实生产力的状况；③它可以吸纳大量人口就业；④它是以劳动者自己劳动为基础的经济成分

A. ①②　　B. ①③　　C. ②③　　②④

44. 2007 年，原国家工商总局把农村食品市场作为强化农村市场监管的重点，开展农村食品市场整顿，确实保障农村食品消费安全，这表明(　　)。

A. 市场调节是资源配置的基础　　B. 政府运用行政手段监管市场

C. 宏观调控是资源配置的基础　　D. 政府运用经济手段监管市场

45. 目前，海尔集团已经建起一个具有国际竞争力的全球性设计、制造、营销和服务网络，这表明市场经济具有(　　)特征。

A. 开放性　　B. 平等性　　C. 法制性　　D. 竞争性

46. 国家对下乡家电进行价格补贴，这是利用(　　)。

A. 价格政策提高农民收入　　B. 税收政策促进经济发展

C. 货币政策促进农民消费　　D. 宏观调控手段促进消费

47. 随着社会主义市场经济体制的建立和不断完善，工商行政管理部门的职能发生了新的变化，表现在(　　)。

①弱化了政府管理部门的管理职能；②对市场的管理不再使用行政手段；③主要是进行市场监管，提供公共服务；④对市场的管理以经济手段、法律手段为主

A. ①②　　B. ①②③　　C. ②④　　D. ③④

48. 市场经济是(　　)。

A. 直接以交换为目的的经济

B. 商品交换关系的总和

C. 商品交换的领域和场所

D. 市场在资源配置中起基础性作用的经济

二、多项选择题

1. 市场机制充分发挥作用的关键是经济活动主体的独立性，这主要表现在(　　)。

A. 企业真正实现自主经营、自负盈亏、自我约束、自我发展

B. 企业成为真正的经济利益实体

C. 企业具有硬预算约束

D. 企业能对市场信息做出及时灵敏的反应

2. 价格形成机制本身包含着三个组成要素，它们是(　　)。

A. 价格形成主体　　B. 价格形成的具体方法

C. 价格形成的客体　　D. 价格形成的决定因素

3. 市场规则是有关机构按照市场运行的客观要求制定的或沿袭下来的由(　　)所规定的行为准则。

A. 法律　　B. 法规　　C. 习惯　　D. 制度

4. 具体地说，市场规则包括如下内容(　　)。

A. 制度性规则　　B. 市场进入规则

C. 市场竞争规则　　D. 市场交易规则

5. 中国目前产业结构仍然存在着以下几个方面的问题(　　)。

A. 农业发展滞后，商品率低　　B. 工业内部生产发展不协调

C. 第三产业发展严重滞后　　D. 基础工业与加工工业比例失衡

6. (　　)是维护正常的市场经济秩序的三大要素。

A. 法制化　　B. 企业的自律

C. 监督体系和同业之间的监督　　D. 社会团体的监督

7. 市场经济通过竞争实现资源配置，可以实现高效、合理、优化组合的目标，因为(　　)。

A. 市场竞争给企业以奋力和动力

B. 市场竞争促进技术进步

C. 市场竞争使社会各种经济力量聚合成巨大的合力

D. 市场是天然和谐的

8. 在社会主义市场经济中(　　)。

A. 计划是国家进行宏观调控的手段

B. 政府对国民经济实行宏观调控是必要的

C. 市场是国民经济的唯一调节者

D. 一切经济活动都处于市场关系之中

9. 社会主义市场经济中现代企业制度一般应采取的企业组织形式是(　　)。

A. 合伙制企业　　B. 有限责任公司

C. 股份有限公司　　D. 公司制企业

10. 社会主义宏观经济调控的经济政策主要有(　　)。

A. 财政政策　　B. 货币政策　　C. 收入政策　　D. 产业政策

11. 市场机制包括(　　)。

A. 价格机制　　B. 竞争机制

C. 供求机制　　D. 企业经营机制

12. 在社会主义市场经济条件下，政府的经济职能有(　　)。

A. 国有资产所有者职能　　B. 社会行政管理者职能

C. 国家保卫者职能　　D. 宏观经济调控者职能

13. 关于经济体制与经济制度的关系，下列说法正确的是(　　)。

A. 经济体制的性质决定经济制度的性质

B. 经济制度的性质决定经济体制的性质

C. 同种经济体制可以在不同的经济制度中存在

D. 同一经济制度不能采用不同的经济体制

14. 政府调节和干预经济运行的经济杠杆主要包括(　　)。

A. 财政　　B. 税收以及税率　　C. 价格　　D. 收入分配

15. 市场主体对商品和劳务具有的基本权利包括(　　)。

A. 所有权　　B. 占有权　　C. 使用权　　D. 处置权

16. 社会主义经济体制下政府的经济职能有(　　)。

A. 社会经济管理职能　　B. 国有资产管理职能

C. 企业管理职能　　D. 宏观调控职能

17. 1988 年，我国取消“粮票”；1993 年，取消“购粮本”；1990 年，中国郑州粮食批发市场第一次引入期货交易机制，迈出粮食期货市场发展的第一步；2001 年，国务院公布全面放开粮食市场，允许多种所有制主体参与粮食经营，粮食价格随行就市。这些变化说明我国(　　)。

A. 由计划经济向市场经济转变　　B. 发挥市场资源配置中的基础性作用

C. 政府放开了粮食生产和管理　　D. 充分发挥市场机制对经济的调节作用

18. “牛奶风波”后，伊利、蒙牛、光明等企业严把产品质量关，其产品全部通过国家质量监督检验检疫相关部门的多次检测，乳品销售量逐渐回升。企业的做法(　　)。

A. 遵循了市场交易的诚信原则　　B. 维护了消费者的合法权益

C. 体现了市场经济开放性的特征　　D. 优化了居民的消费结构

19. 拥有158年历史的华尔街第四大投资银行雷曼兄弟公司2008年9月15日向法庭提交破产保护申请。这一消息极大地挫伤了金融市场的信心，全球股市迎来仅次于“9·11”黑色星期一，一系列从华尔街传出的重磅利空，全球股市抱团重挫，任何一个市场都难以独善其身。为避免全球金融市场出现系统性风险，各国央行纷纷向金融系统注资，各国政要也先后出面讲话稳定局面，避免恐慌心理蔓延。雷曼破产，世界经济受拖累，欧美国家外需减少，也将给中国经济增长带来压力。“雷曼破产效应”启示我们，在社会主义市场经济发展过程中，国家必须加强宏观调控。其意义在于(　　)。

A. 有助于社会经济的平稳发展

B. 有助于解决特殊领域内的资源配置问题

C. 有助于消除市场调节的弱点和缺陷

D. 有助于实现社会公平和共同富裕的目标

20. 对社会主义市场经济基本特征理解正确的是(　　)。

A. 宏观调控是社会主义市场经济所特有的　　B. 市场对资源配置起决定性作用

C. 与社会主义基本制度是结合在一起的　　D. 实现共同富裕是社会主义根本任务

21. 市场规则的主要内容有(　　)。

A. 自愿交易　　B. 平等竞争　　C. 诚实守信　　D. 等价有偿

22. 在我国，宏观经济调控的基本原则有(　　)。

A. 由直接管理为主转向间接管理为主

B. 计划指导原则

C. 集中和重点性原则

D. 以经济手段为主的综合配套调控原则

三、简答题

1. 社会主义市场经济的基本特征。

2. 宏观调控的手段与原则。

任务三　了解小康社会的经济建设

知识目标

通过学习，使同学们了解全面建成小康社会的必要性及小康社会经济建设的具体目标，并树立科学发展观的理念，深刻领会科学发展观的内涵，了解全面实现小康社会经济目标的具体内容和要求。

能力目标

能正确合理分析我国的经济状况，能从各个片面的经济发展中看到经济发展的一般规律。

情感、态度与价值观目标

通过本课的学习和活动，使学生感受到改革开放给中国带来的巨大变化及社会主义制度的优越性，并树立强烈的社会责任感，学好科学文化知识，在科学发展观的指导下，积极投身于全面建成小康社会的活动中去。

教学重点、难点

（1）全面建成小康社会的经济目标。
（2）建设资源节约型和环境友好型社会。
（3）对科学发展观含义的全面理解以及在经济发展中如何真正贯彻科学发展观。

【考核建议】

1. 考核知识点：从总体小康到全面小康
建议考核形式：选择题、判断题。
2. 考核知识点：全面建成小康社会的奋斗目标和意义
建议考核形式：选择题、判断题。
3. 考核知识点：推动经济又好又快地发展
建议考核形式：选择题、判断题。
4. 考核知识点：建设资源节约型和环境友好型社会
建议考核形式：选择题、判断题、情境分析题。

【知识梳理】

一、从总体小康到全面小康(了解)

(1) 改革开放40多年来的成就：我国经济社会发展取得了举世瞩目的成就，综合国力大大增强，人民生活水平显著提高，社会主义市场经济体制日趋完善。

(2) 邓小平设计的实现现代化分三步走的发展战略：

第一步，1981~1990年，实现国民生产总值翻一番，解决人民的温饱问题。

第二步，1991年~20世纪末，国民生产总值再翻一番，人民生活达到小康水平。

第三步，到21世纪中叶，人均国民生产总值达到中等发达国家水平，人民生活比较富裕，基本实现现代化。

(3) 党中央提出的我国现代化建设"新三步走"的战略部署：

第一步，在21世纪的第一个10年，实现国民生产总值比2000年翻一番，使人民的小康生活更加宽裕。

第二步，再经过10年的努力，使国民经济更加发展，全面建成小康社会。

第三步，到21世纪中叶，基本实现现代化。

二、全面建成小康社会的奋斗目标和意义(理解)

(1) 全面建成小康社会目标实现的特征：

① 我国将成为工业化基本实现、综合国力显著增强、国内市场总体规模位居世界前列的国家。

② 我国将成为人民富裕程度普遍提高、生活质量明显改善、生态环境良好的国家。

③ 我国将成为人民享有更加充分的民主权利、具有更高文明素质和精神追求的国家。

④ 我国将成为各方面制度更加完善、社会更加充满活力而又安定团结的国家。

⑤ 我国将成为对外更加开放、更加具有亲和力、为人类文明做出更大贡献的国家。

(2) 全面建成小康社会在经济上的目标：

第一，在优化结构和提高效益基础上，国内生产总值到2020年力争比2000年翻两番，综合国力和国际竞争力明显增强。

第二，基本实现工业化，建成完善的社会主义市场经济体制和更具活力、更加开放的经济体系。

第三，居民收入和消费水平大幅度提高，城镇人口明显增加，工农差别、城乡差别、地区差别扩大的趋势逐步扭转。

第四，社会就业比较充分，家庭财产普遍增加，社会保障体系比较健全，人民过上更加富足的生活。

从十九大到二十大，是“两个一百年”奋斗目标的历史交汇期。我们既要全面建成小康社会、实现第一个百年奋斗目标，又要乘势而上开启全面建设社会主义现代化国家新征程，向第二个百年奋斗目标进军。

习近平提出，综合分析国际国内形势和我国发展条件，从2020年到本世纪中叶可以分两个阶段来安排。第一个阶段，从2020年到2035年，在全面建成小康社会的基础上，再奋斗十五年，基本实现社会主义现代化。到那时，我国经济实力、科技实力将大幅跃升，跻身创新型国家前列；人民平等参与、平等发展权利得到充分保障，法治国家、法治政府、法治社会基本建成，各方面制度更加完善，国家治理体系和治理能力现代化基本实现；社会文明程度达到新的高度，国家文化软实力显著增强，中华文化影响更加广泛深入；人民生活更为宽裕，中等收入群体比例明显提高，城乡区域发展差距和居民生活水平差距显著缩小，基本公共服务均等化基本实现，全体人民共同富裕迈出坚实步伐；现代社会治理格局基本形成，社会充满活力又和谐有序；生态环境根本好转，美丽中国目标基本实现。

第二个阶段，从2035年到21世纪中叶，在基本实现现代化的基础上，再奋斗十五年，把我国建成富强民主文明和谐美丽的社会主义现代化强国。到那时，我国物质文明、政治文明、精神文明、社会文明、生态文明将全面提升，实现国家治理体系和治理能力现代化，成为综合国力和国际影响力领先的国家，全体人民共同富裕基本实现，我国人民将享有更加幸福安康的生活，中华民族将以更加昂扬的姿态屹立于世界民族之林。

习近平强调，从全面建成小康社会到基本实现现代化，再到全面建成社会主义现代化强国，是新时代中国特色社会主义发展的战略安排。我们要坚忍不拔、锲而不舍，奋力谱写社会主义现代化新征程的壮丽篇章。

（3）全面建成小康社会的意义：全面建成小康社会是一项伟大而艰巨的历史任务，它标志着我国物质文明、精神文明、政治文明建设和社会发展进入了一个新阶段，关系到我国从不发达的社会主义国家到富强的社会主义现代化国家的历史性转变，关系到中华民族复兴的伟大事业。

（4）恩格尔系数：是指食品支出占家庭总支出的比重。系数越大，生活水平越低；系数越小，生活水平越高。（在60%以上表示生活绝对贫困；60%~50%表示温饱；50%~40%表示小康；40%~20%表示富裕；20%以下表示生活十分富足。）

三、推动经济又好又快地发展（了解）

（1）新型工业化道路：包括工业化、城市化、市场化、国际化、社会化和信息化等内容。新型工业化，就是走出一条科技含量高、经济效益好、资源消耗低、环境污染少、人力资源优势得到充分发挥的工业化道路。

（2）促进国民经济又好又快地发展，确保实现全面建成小康社会的奋斗目标的条件：贯彻落实科学发展观，加快转变经济发展方式，推动经济结构优化。

（3）实现我国经济又好又快发展的关键：是转变经济发展方式、加快经济结构调整。

① 经济结构调整主要包括：产业结构的优化与升级和区域经济的协调发展。

② 产业结构的优化升级：就要大力发展第三产业，提高第三产业的比重和水平。同时，要重视第一产业的发展，发展现代农业；第二产业的发展主要依靠技术进步，转变发展方式。

③ 大力发展第三产业的具体做法：既要注重发展传统服务业，发挥住宿餐饮、交通运输、商业等行业吸纳劳动力的优势，增加就业，也要大力发展教育、卫生、体育、文化等服务业，全面提高人民的健康水平、科学文化素质和道德修养水平；还要加快发展信息传输、银行保险、科技服务等新兴服务业，为推动国民经济发展、提高人民生活水平服务。

④ 区域经济的协调发展：促进区域经济的协调发展，就要在支持东部地区率先发展的前提下，推动中部地区崛起，实现东北地区振兴，开发西部地区，加大对革命老区、民族地区、边疆地区和贫困地区的扶持力度，从而形成东中西互动、优势互补、相互促进、共同发展的区域发展格局，逐步缩小区域发展差距。

四、建设资源节约型和环境友好型社会(理解)

(1) 资源节约型社会：资源节约型社会，包括生产上的“集约”和消费上的“节省”两个方面的含义。就是要建立以节约土地和水资源为中心的农业生产体系，建立以节约能源和原材料为中心的工业体系，建立以杜绝浪费和资源循环使用为中心的消费体系等。

(2) 环境友好型社会：是指一种人与自然和谐共生的形态，其内涵是人类的生产和消费活动与自然生态系统的协调可持续发展。

(3) 按照科学发展观的要求，在发展经济中要坚持的原则：坚持节约与环境友好的基本原则，促进经济、社会与生态的和谐发展。

(4) 制约我国经济可持续发展的障碍：资源匮乏、环境破坏、生态失衡。要转变这种现状，就要树立科学发展理念，利用经济、法律、行政、技术和道德等手段，节约资源、保护环境、促进生态良性循环，大力发展循环经济，构建资源节约型和环境友好型社会。

五、习近平新时代中国特色社会主义思想

习近平新时代中国特色社会主义思想是党和国家必须长期坚持的指导思想。党的十八大以来，以习近平同志为主要代表的中国共产党人，顺应时代发展，从理论和实践结合上系统回答了新时代坚持和发展什么样的中国特色社会主义、怎样坚持和发展中国特色社会主义这个重大时代课题，创立了习近平新时代中国特色社会主义思想。习近平新时代中国特色社会主义思想是对马克思列宁主义、毛泽东思想、邓小平理论、“三个代表”重要思想、科学发展观的继承和发展，是马克思主义中国化最新成果，是党和人民实践经验和集体智慧的结晶，是中国特色社会主义理论体系的重要组成部分，是全党全国人民为实现中华民族伟大复兴而奋斗的行动指南，必须长期坚持并不断发展。

习近平总书记是习近平新时代中国特色社会主义思想的主要创立者。在领导全党全国各族人民推进党和国家事业的实践中，习近平总书记以马克思主义政治家、思想家、战略家的非凡理论勇气、卓越政治智慧、强烈使命担当，以“我将无我，不负人民”的赤子情怀，

应时代之变迁、立时代之潮头、发时代之先声，提出一系列具有开创性意义的新理念、新思想、新战略，为习近平新时代中国特色社会主义思想的创立发挥了决定性作用、做出了决定性贡献。

习近平新时代中国特色社会主义思想，坚持马克思主义立场观点方法，坚持科学社会主义基本原则，科学总结世界社会主义运动经验教训，根据时代和实践发展变化，以崭新的思想内容丰富和发展了马克思主义，形成了系统科学的理论体系。

习近平新时代中国特色社会主义思想内涵十分丰富，涵盖新时代坚持和发展中国特色社会主义的总目标、总任务、总体布局、战略布局和发展方向、发展方式、发展动力、战略步骤、外部条件、政治保证等基本问题，并根据新的实践对经济、政治、法治、科技、文化、教育、民生、民族、宗教、社会、生态文明、国家安全、国防和军队、“一国两制”和祖国统一、统一战线、外交、党的建设等各方面作出新的理论概括和战略指引。

习近平新时代中国特色社会主义思想的核心内容是“八个明确”和“十四个坚持”。

“八个明确”，就是明确坚持和发展中国特色社会主义，总任务是实现社会主义现代化和中华民族伟大复兴，在全面建成小康社会的基础上，分两步走在21世纪中叶建成富强民主文明和谐美丽的社会主义现代化强国；明确新时代我国社会主要矛盾是人民日益增长的美好生活需要和不平衡不充分的发展之间的矛盾，必须坚持以人民为中心的发展思想，不断促进人的全面发展、全体人民共同富裕；明确中国特色社会主义事业总体布局是“五位一体”、战略布局是“四个全面”，强调坚定道路自信、理论自信、制度自信、文化自信；明确全面深化改革总目标是完善和发展中国特色社会主义制度、推进国家治理体系和治理能力现代化；明确全面推进依法治国总目标是建设中国特色社会主义法治体系、建设社会主义法治国家；明确党在新时代的强军目标是建设一支听党指挥、能打胜仗、作风优良的人民军队，把人民军队建设成为世界一流军队；明确中国特色大国外交要推动构建新型国际关系，推动构建人类命运共同体；明确中国特色社会主义最本质的特征是中国共产党领导，中国特色社会主义制度的最大优势是中国共产党领导，党是最高政治领导力量，提出新时代党的建设总要求，突出政治建设在党的建设中的重要地位。

“十四个坚持”就是坚持党对一切工作的领导，坚持以人民为中心，坚持全面深化改革，坚持新发展理念，坚持人民当家作主，坚持全面依法治国，坚持社会主义核心价值体系，坚持在发展中保障和改善民生，坚持人与自然和谐共生，坚持总体国家安全观，坚持党对人民军队的绝对领导，坚持“一国两制”和推进祖国统一，坚持推动构建人类命运共同体，坚持全面从严治党。

“八个明确”“十四个坚持”有机融合、有机统一，凝结着我们党坚持和发展中国特色社会主义的宝贵经验，反映了以习近平同志为核心的党中央对中国特色社会主义规律性认识的深化、拓展、升华，体现了理论与实际相结合、认识论和方法论相统一的鲜明特色。

习近平新时代中国特色社会主义思想，体系严整、逻辑严密、内涵丰富、博大精深，闪耀着马克思主义真理光辉。这一思想贯通马克思主义哲学、政治经济学、科学社会主义，贯通历史、现实和未来，贯通改革发展稳定、内政外交国防、治党治国治军等各领域，既坚持了老祖宗，又讲了很多新话，使我们党对共产党执政规律、社会主义建设规律、人类社会发展规律的认识达到了新高度，为发展马克思主义作出了原创性贡献。

习近平新时代中国特色社会主义思想，充满着对马克思主义的坚定信仰，充满着对社会主义和共产主义的坚定信念，展现了当代中国共产党人的政治品格、价值追求、精神风范。

六、中国特色社会主义进入新时代意味着什么？

习近平总书记说，中国特色社会主义进入新时代，意味着近代以来久经磨难的中华民族迎来了从站起来、富起来到强起来的伟大飞跃，迎来了实现中华民族伟大复兴的光明前景；意味着科学社会主义在21世纪的中国焕发出强大生机活力，在世界上高高举起了中国特色社会主义伟大旗帜；意味着中国特色社会主义道路、理论、制度、文化不断发展，拓展了发展中国家走向现代化的途径，给世界上那些既希望加快发展又希望保持自身独立性的国家和民族提供了全新选择，为解决人类问题贡献了中国智慧和中国方案。

他指出，这个新时代，是承前启后、继往开来、在新的历史条件下继续夺取中国特色社会主义伟大胜利的时代，是决胜全面建成小康社会、进而全面建设社会主义现代化强国的时代，是全国各族人民团结奋斗、不断创造美好生活、逐步实现全体人民共同富裕的时代，是全体中华儿女勠力同心、奋力实现中华民族伟大复兴中国梦的时代，是我国日益走近世界舞台中央、不断为人类作出更大贡献的时代。

练　习　题

一、单项选择题

1. 近年来，我国蔗糖产业逐步由福建、广东等地向广西、云南等地转移。“东蔗西移”“东糖西移”，一方面为东部产业发展提供了新的空间，另一方面也在西部形成新的蔗糖产业基地，提升了我国蔗糖产业的国际竞争力。这一事例表明东部产业向西部转移有利于(　　)。

① 促进东部地区产业结构的优化和升级；②通过东部地区工业化带动西部地区农业产业化；③加强西部地区加工工业的基本地位；④西部地区合理利用本地资源形成优势产业

A. ①②　　B. ①③　　C. ①④　　D. ②④

2. 实现国民经济的信息化是推动经济发展的必然选择。信息化有利于(　　)。

①实现生产力跨越式发展；②改造和提升传统产业；③高起点上加速实现工业化；④充分发挥我国劳动力资源丰富的优势

A. ①③　　B. ①②③　　C. ①③　　D. ①②③④

3. 江苏省电力公司依靠自主创新，研制出“电网安全自动防空系统”，将电网紧急状况处置时间缩短到0.1秒，使江苏电网在2008年初的雪灾中始终保持平稳运行。这说明(　　)。

A. 采用先进工艺能提高资源利用率

B. 以信息化带动工业化的必要性

C. 转变经济增长方式的重要性

D. 科技创新使企业实现了经济效益与社会效益的统一

4. 20世纪末，我国基本实现了小康，但还是低水平的、不全面的、发展很不平衡的小康。我国要实现从总体小康到全面小康是(　　)。

①经济体制改革不断深化的必然结果；②21世纪头20年要实现的奋斗目标；③我国所有制改革的必然要求；④实现现代化建设“三步走”战略第三步目标的重要步骤

A. ①②　　B. ①③　　C. ②③　　D. ②④

5. 珠江三角洲地区改革发展规划纲要(2008~2020年)指出，到2012年珠三角要率先建成全面小康社会，初步形成科学发展的体制机制，自主创新能力明显增强，人民生活明显改善，区域城乡差距明显缩小。这表明全面小康社会建设(　　)。

①要全面追求经济的增长速度；②要贯彻落实科学发展观；③要建立合理有序的分配格局，基本消除绝对贫困现象；④要增强发展协调性，努力实现经济又好又快发展

A. ②③④　　B. ①②③　　C. ①②④　　D. ①③④

6. 现阶段，我国已经实现了初步小康，并正在为建设更高水平的小康社会奋斗。以下对我国现阶段的小康水平认识正确的是(　　)。

A. 只是在经济上实现全面小康

B. 是低水平、不全面、发展很不平衡的小康

C. 已经实现全面小康，只是水平仍比较低

D. 是少数人的小康，多数人还处于贫困状态

7. 2008年10月，党的十七届三中全会通过《中共中央关于推进农村改革发展若干重大问题的决定》。胡锦涛指出，农业、农村和农民问题，始终是一个关系党和国家工作全局的根本性问题，必须始终作为全党工作的重中之重。解决“三农问题”(　　)。

①是缩小城乡差距构建和谐社会的必要条件；②是实现我国区域协调发展的前提；③是我国社会主义初级阶段的根本奋斗目标；④是党全心全意为人民服务宗旨的直接体现

A. ①②　　B. ②③　　C. ①④　　D. ③④

8. 我国目前已经实现的小康是(　　)。

A. 总体小康　　B. 高水平的小康　　C. 全面小康　　D. 温饱型小康

9. 资源问题是可持续发展的重要问题，我国人均资源占有量不足，有效提高资源利用率的根本方法是(　　)。

A. 发展市场经济　　B. 强化宏观调控　　C. 增强节约意识　　D. 依靠科技进步

10. 实现全面小康社会的目标，最根本的是(　　)。

A. 以经济建设为中心，大力发展生产力

B. 贯彻“三个代表”重要思想

C. 鼓励一部分地区、一部分人先富裕起来

D. 加强、改进党的建设

11. 在筹备2008年北京奥运会期间，北京市提出“节俭办奥运”的新理念，注重实效，降低成本，把奥运会场馆的建设和北京市整体规划与长远发展统一起来。这一新理念折射出的道理是(　　)。

A. 组委会筹办奥运会的根本出发点是提高经济效益

B. 必须坚持科学发展观，协调经济社会的发展

C. 要把筹办奥运会与国家的经济结构调整结合起来

D. 我国仍然是发展中国家，经济实力不如西方国家

12. 近年来，“中国制造”成为国际社会关注的问题。在制造业方面，中国被越来越多的人称为“世界市场”，但缺乏核心技术仍然制约着我国制造业的发展，这说明(　　)。

A. 制造业是我国国民经济的基础

B. 自力更生原则要求我们避免从国外引进新技术

C. 我国制造业的出路在于大力发展科技，走新型工业化道路

D. 我国已经实现了工业化和现代化

13. 新型工业化是我国实现跨越式发展的必然选择。新型工业化的主要特征是(　　)。

A. 以信息化带动工业化　　B. 生产的高度专业化、社会化

C. 改造传统产业，改进管理模式　　D. 科技含量高，经济效益好

14. 构建资源节约型和环保友好型社会对消费的要求是(　　)。

①在保证人民群众过上小康生活的前提下，减少不必要的资源消耗和浪费；②要在全社会形成以节约为荣、浪费为耻的文化氛围；③养成节约资源、保护环境的消费习惯；④现在生活条件好了，没有那么节俭了

A. ①②③　　B. ②③④　　C. ③④　　D. ①③④

15. 中国共产党的十七大提出将全面建成小康社会国内生产总值翻两番的奋斗目标由“总量”变为“人均”，这(　　)。

①突出体现了以人为本的理念；②强调要让人民群众尽可能多地分享改革发展的成果；③降低了对我国经济社会发展中全面建成小康社会的要求；④强调要在发展的过程中处理好效率与公平的关系

A. ①②③　　B. ②③④　　C. ①②④　　D. ①③④

16. 促进我国今后的发展，必须“以人为本，树立全面、协调、可持续发展，促进经济社会和人的全面发展。”这一发展观的核心是(　　)。

A. 以人为本

B. 以经济建设为中心

C. 解放和发展生产力

D. 满足人民日益增长的物质文化需要

17. 坚持科学的发展观，就是要通过经济社会的全面发展，实现人的全面发展的目标，满足人的(　　)。

①物质需要；②精神需要；③生态需要；④价值的提高；⑤发展需要；⑥生存需要

A. ①②⑤⑥　　B. ①②③④　　C. ①②⑤⑥　　D. ③④⑤⑥

18. 下列符合科学发展观要求的是(　　)。

①全面发展；②协调发展；③可持续发展；④坚持速度、结构、质量、效益的统一；⑤高速发展

A. ①②③　　B. ②③④　　C. ①②③④　　D. ①②③④⑤

19. 科学发展观是全面的发展观、协调的发展观。坚持协调发展，就是要(　　)

①统筹城乡发展；②统筹区域发展；③统筹经济社会发展；④统筹人与自然和谐发展；⑤统筹国内发展和国外开放。

A. ①②③　　B. ②③④　　C. ①②③④　　D. ①②③④⑤

20. 发展是党执政兴国的第一要务，科学发展观的主旨在于(　　)。

A. 更好地发展　　B. 全面发展　　C. 协调发展　　D. 可持续发展

21. 今天，“中国制造”迅速崛起。“中国制造”的产品已渗透到世界各个角落。据初步统计，我国居“世界第一”的制造产品已达一百多种。我国制造业产值已占全世界比重的5%。这表明我国(　　)。

A. 已成为“世界工厂”的国家

B. 已完成工业化，正迈步实现现代化

C. 制造业是高新技术产业，发展快

D. 虽然是制造业大国，但工业化任务尚未完成

22. 新型工业化道路的主要内容是(　　)。

①科技含量高；②经济效益好；③资源消耗低；④环境污染少；⑤人力资源得到充分发挥

A. ①②③　　B. ②③⑤　　C. ①②③④　　D. ①②③④⑤

23. 某地运用新技术、新工艺对传统产业进行改造，开发出优质、高效、符合消费者需求的新产品，使这些产业重新焕发出生机和活力。这说明(　　)。

A. 传统产业能够改造成高新技术产业

B. 高新技术产业将完全取代传统产业

C. 技术进步是产业创新的动力

D. 技术进步是市场开发的结果

24. 当前，信息化浪潮席卷全球，我国大力发展信息产业(　　)。

①是加快是工业化和现代化的必然选择；②是改造传统产业、优化产业结构的现实需要；③有利于提高我国的综合国力和国际竞争力；④有利于促进我国经济持续、快速、健康发展

A. ①②③　　B. ②③④　　C. ①③④　　D. ①②③④

25. 走新型工业化道路，必须调整经济结构，形成(　　)产业格局。

①以高新技术产业为先导；②基础产业和制造业为支撑；③农业基础牢固；④服务业全面发展

A. ①②③　　B. ①②④　　C. ②③④　　D. ①③④

26. 下列属于统筹区域发展的举措是(　　)。

①推动西部开发；②振兴东北老工业基地；③促进中部地区崛起；④鼓励东部地区率先发展

A. ①②　　B. ①②③　　C. ②③④　　D. ①②③④

27. 发展农业经济，增加农民收入，不仅关系到亿万农民的切身利益和积极性的发挥，而且关系到(　　)。

①建设小康社会目标的实现；②城镇化水平的提高；③维护农村社会的稳定；④保持国民经济持续快速健康发展

A. ①②③　　B. ②③④　　C. ①②④　　D. ①③④

二、多项选择题

1. 全面建成小康社会的经济目标，是中国特色社会主义经济、政治、文化全面发展的目标，实现这一目标在经济方面的要求有(　　)。

A. 人均国内生产总值到 2020 年力争比 2000 年翻两番

B. 覆盖城市居民的社会保障体系基本建立

C. 建设生态文明，基本形成节约能源资源和保护生态环境的产业结构、增长方式和消费模式

D. 人民享有更加充分的民主权利、具有更高文明素质和精神追求

2. 关于总体小康与全面小康的区别，下列说法正确的是(　　)。

A. 总体小康是一个低标准的小康，全面小康是一个较高标准的小康

B. 总体小康偏重于物质消费，全面小康除注重物质生活提高外，还强调实现社会全面进步

C. 总体小康是一个发展不平衡的小康，全面小康将缩小工农、城乡、地区的差距

D. 总体小康只是城市的，全面小康还包括农村

3. 新型工业化道路的主要内容包括(　　)。

A. 城市化　　B. 市场化

C. 国际化　　D. 社会化

4. 全面建成小康社会的经济建设的新要求有(　　)。

A. 实现人均国内生产总值比 2000 年翻两番

B. 建成更加完善的社会主义市场经济体制

C. 基本实现现代化

D. 全面改善人民生活

5. 实现我国经济又好又快发展的关键是(　　)。

A. 转变经济发展方式　　B. 提高人民健康水平

C. 加快经济结构调整　　D. 加强文化道德建设

三、简答题

1.“新三步走”的战略部署的内容是什么？

2. 我国全面建成小康社会的奋斗目标和意义是什么？

3. 我国全面建成小康社会的社会主义市场经济条件下，政府担负的主要职能有哪些？

4.“中国特色社会主义进入新时代”意味着什么？

项目三 拥护社会主义政治制度

任务一 了解我国的社会主义政治制度

知识目标

(1) 通过教学使学生识记：国体、我国的国体。

(2) 明确认识我国的国体：中华人民共和国是以工人阶级为领导的、以工农联盟为基础的人民民主专政的社会主义国家。人民当家作主是社会主义的本质。

(3) 通过教学使学生识记：人民代表大会制度、中国特色的政党制度、民族区域自治。

(4) 明确认识我国社会主义政治制度的有关内容，理解我国政治制度的优越性，中国共产党领导的多党合作和政治协商制度、民族区域自治制度、基层群众自治制度，都是适合我国国情的基本政治制度。

能力目标

(1) 正确观察、分析社会以及国内外常见的政治现象，确立自己的政治方向，坚定自己的政治立场。

(2) 能够进行正确的政治价值判断和政治行为选择，以实际行动维护国家政治制度。

情感、态度与价值观目标

认同我国社会主义政治制度的特点和优势，确立主人翁意识，提高自己的政治素质，树立为建设有中国特色的社会主义事业而奋斗的政治责任感。

教学重点、难点

(1) 人民代表大会制度是我国根本的政治制度、我国的政党制度及民族区域自治。

(2) 坚持和完善人民代表大会制度、完善基层群众自治制度。

【考核建议】

1. 考核知识点：我国的根本政治制度
建议考核形式：选择题、判断题、简述题。
2. 考核知识点：坚持和完善人民代表大会制度的重要性
建议考核形式：选择题、判断题、简述题。
3. 考核知识点：中国共产党领导的多党合作和政治协商制度
建议考核形式：选择题、判断题、简述题。
4. 考核知识点：中国特色社会主义事业必须坚持中国共产党的领导
建议考核形式：选择题、判断题、简述题。
5. 考核知识点：民族区域自治制度的基本内容
建议考核形式：判断题、辨析题、简述题。
6. 考核知识点：民族区域自治制度的优越性
建议考核形式：选择题、判断题。
7. 考核知识点：发展基层民主、完善基层群众自治制度的意义
建议考核形式：选择题、判断题。
8. 考核知识点：提高管理基层公共事务和公益事业的能力
建议考核形式：判断题、辨析题、情境分析题。

【知识梳理】

一、我国的根本政治制度(了解)

1. 国体和政体

(1) 国体即国家性质，我国是人民民主专政的国家性质。

(2) 政体即国家政权的组织形式。我国的政体是人民代表大会制度。

(3) 国体政体关系：一般说，国家性质(国体)决定国家政权的组织形式(政体)；反过来，国家政权的组织形式必然反映或体现国家性质。

2. 我国的根本政治制度

(1) 我国的根本政治制度：人民代表大会制度。

(2) 人民行使权力的机关：全国人民代表大会和地方各级人民代表大会。

(3) 全国人民代表大会是最高国家权力机关，它的职权包括：最高立法权、最高决定权、最高任免权、最高监督权。全国人民代表大会常务委员会是全国人民代表大会的常设机关。在全国人民代表大会闭会期间，全国人民代表大会的部分职权由全国人大常委会行使。

(4) 我国各级人民代表大会按照宪法和法律规定行使立法权、监督权、决定权和任免权。

3. 人民代表大会制度是我国的根本政治制度

(1) 人民代表大会制度直接体现我国人民民主专政的国家性质。

(2) 人民代表大会制度是建立其他有关国家管理制度的基础。

(3) 人民代表大会制度是由人民选举代表组成人民代表大会作为国家权力机关，统一管理国家社会事务的政治制度。

二、坚持和完善人民代表大会制度的重要性(理解)

人民代表大会制度是符合我国国情，体现社会主义国家性质，能够保证人民当家作主的根本政治制度。坚持和完善这一制度具有重要意义：

第一，人民代表大会制度植根于人民群众，具有强大的生命力。

第二，人民代表大会制度以人民当家作主为宗旨，体现了社会主义民主的本质。

第三，人民代表大会制度体现了人民的意志和利益，有利于人民牢牢掌握国家和民族的前途和命运。

第四，人民代表大会制度有利于维护国家统一和民族团结。

三、中国共产党领导的多党合作和政治协商制度的基本内容(了解)

(1) 我国的政党制度：我国的国家性质、基本国情和社会发展要求，决定了我国实行的政党制度是中国共产党领导的多党合作和政治协商制度。

(2) 中国共产党领导的多党合作和政治协商制度基本内容：

① 中国共产党是执政党，各民主党派是参政党，它们之间是通力合作的友党关系。

② 多党合作的基本方针是“长期共存、互相监督、肝胆相照、荣辱与共”。

③ 遵守宪法和法律是多党合作的根本活动准则。

④ 中国人民政治协商会议是多党合作的重要机构。

四、中国特色社会主义事业必须坚持中国共产党的领导(了解)

(1) 中国共产党领导地位：中国共产党领导地位的确立，是中国人民经历了长期的历史探索，在革命、建设、改革实践中形成并巩固起来的，是历史的选择、人民的选择。事实雄辩地证明，没有中国共产党，就没有新中国；没有中国共产党，就没有社会主义现代化。

(2) 中国特色社会主义事业必须坚持中国共产党的领导：

① 中国共产党领导地位的确立是历史和人民的选择。

② 中国共产党的领导和执政地位的确立是由它的性质和宗旨决定的。

③ 中国共产党坚持以人为本、执政为民的执政理念，始终把实现好、维护好、发展好最广大人民的根本利益作为一切工作道德的出发点和落脚点。

④ 中国共产党代表中国先进生产力的发展要求，代表中国先进文化的前进方向，代表中国最广大人民的根本利益。

五、民族区域自治制度基本内容(了解)

(1) 我国境内居住着56个民族，其中汉族人口最多，其他55个民族人口较少，习惯上被称为少数民族。

(2) 民族区域自治制度的基本内容：

① 我国民族自治地方分为三级：自治区、自治州、自治县。

② 治权是民族区域自治的核心内容，自治权是自治机关根据本地方实际情况贯彻执行国家法律、政策，自主地管理本民族自治地方内部事务的权利。

自治权主要包括立法自治权、变通执行权、经济自治权、文化管理自治权、其他自治权。

六、民族区域自治制度的优越性(理解)

(1) 民族区域自治制度适合我国国情：

第一，我国是一个统一的多民族国家。

第二，我国民族状况有自己的特点。

第三，我国各民族在长期斗争中形成了政治认同。

(2) 民族区域自治制度的优越性：民族区域自治制度符合我国历史发展。符合我国现实情况，合乎国情、顺乎民意。这一制度，有利于国家的集中统一领导与民族区域自治的有机结合；有利于保障少数民族人民当家作主的权利得以实现；有利于发展平等、团结、互助、和谐的社会主义民族关系；有利于把少数民族的特殊利益与国家的整体利益协调起来。

七、发展基层民主、完善基层群众自治制度的意义(理解)

(1) 发展基层群众自治制度：我国已经建立了以农村村民委员会、城市居民委员会、企事业职工代表大会为主要内容的基层群众自治体系：

① 农村村民委员会：是村民自我管理、自我教育、自我服务的基层群众性自治组织。自主选举当家人，是村民自治的基础，也是村民参与民主管理的主要途径。

② 城市居民委员会：是居民自我管理、自我教育、自我服务的基层群众性自治组织。

③ 职工代表大会：是企事业单位实行民主管理的基本形式，是职工行使民主管理权利的机构。

(2) 发展基层民主、完善基层群众自治制度的意义：发展基层民主、实行基层群众自治制度，对于扩大社会主义民主、发展社会主义民主政治是一项基础性工作，因而具有十分重要的意义。

人民依法直接行使民主权利，管理基层公共事务和公益事业，实行自我管理、自我服务、自我教育、自我监督，对干部实行民主监督，是人民当家作主最有效、最广泛的途径。

八、提高管理基层公共事务和公共事业的能力(理解、践行)

提高管理基层公共事务和公共事业的能力:

首先，必须增强管理基层公共事务和公益事业的意识。

其次，必须了解管理基层公共事务和公益事业的基本内容。

最后，必须提高管理基层公共事务和公益事业的能力。

练 习 题

一、单项选择题

1. 我国的根本政治制度是(　　)。

A. 充分体现平等原则的普选制度　　B. 政治协商制度

C. 人民代表大会制度　　D. 体现公民参与国家管理的民主监督制度

2. 资本主义国家的议会是(　　)。

A. 国家的最高执行机关　　B. 全民的代议机关

C. 国家的一切活动中心　　D. 国家的立法机关

3. 十一届全国人大一次会议2008年3月5日在北京召开，为了更好地行使人大代表的职权，会议前夕，新当选的十一届全国人大代表深入基层进行调研。这是人大代表在(　　)。

A. 行使参政议政的权力　　B. 协助宪法和法律的实施

C. 听取和反映人民群众的意见和要求　　D. 接受人民群众的监督

4. 十二届全国人大常委会2016年11月7日经表决免去耿惠昌的国家安全部部长职务、李立国的民政部部长职务、黄树贤的原监察部部长职务、楼继伟的财政部部长职务，任命陈文清为国家安全部部长、黄树贤为民政部部长、肖捷为财政部部长。这体现了全国人大常委会在行使(　　)。

A. 最高立法权　　B. 最高决定权　　C. 最高任免权　　D. 最高监督权

5. 2007年6月29日，十届全国人大常委会第二十八次会议以145票赞成，一人未按表决器，高票通过了劳动合同法。这说明(　　)。

A. 全国人大常委会是国家最高行政机关

B. 法律是多数人意志的体现

C. 人民代表大会制度实行民主集中制的原则

D. 法律是国家的根本大法

6. 我国的人大和“一府两院”都是(　　)。

A. 多党合作组织形式　　B. 我国的国家机关

C. 我国政权的组织形式　　D. 中国特色的政治制度

7. 从人民代表大会制度的内容可以看出(　　)。

A. 人民代表大会制度是最完善的民主制度

B. 人民代表大会是我国的政体

C. 人民代表大会制度以人民当家作主为宗旨

D. 人民代表大会制度是我国基本政治制度

8. 2007 年 12 月 26 日，十届全国人大常委会第三十一次会议上进行分组审议了国务院提交的有关《医改报告》《个税修正案》《社保法》等。这说明(　　)。

A. 人民代表大会是我国的根本政治制度

B. 人民代表大会是我国的最高权力机关

C. 全国人民代表大会及其常委会是立法机关

D. 全国人民代表大会与国务院是相互监督的关系

9. 十届全国人大先后组织了六个执法检查组，对全国人大制定的有关法律的实施情况进行检查。同时，为了进一步提高预算审查工作质量，增加预算监督力度，全国人大常委会还增设了预算工作委员会。以上材料说明全国人民代表大会(　　)。

A. 既是权力机关，也是执法机关　　B. 既是立法者，也是执法者

C. 既行使立法权，也行使监督权　　D. 既产生行政机关，也监督行政机关

10. 党的十七大召开前夕，中共中央举行了党外人士座谈会，征求他们对党的十七大报告草稿的意见。这表明(　　)。

A. 中国共产党是我国的执政党

B. 各民主党派也有权制定国家的大政方针

C. 我国实行共产党领导的多党合作和政治协商制度

D. 中国共产党和民主党派共同执掌国家政权

11. 中国共产党的领导地位不是自封的，而是由其自身条件决定的，是中国共产党领导全国各族人民，经过长期的革命斗争建立起来的。这里的“自身条件”是指(　　)。

A. 我国的社会主义国家性质　　B. 中国共产党的工人阶级先锋队性质

C. 我国的社会主义政党制度　　D. 中国共产党的阶级基础

12. 中国共产党的先进性体现在中国共产党(　　)。

A. 是工人阶级的先锋队，同时是中国人民和中华民族的先锋队

B. 是中国特色社会主义事业的领导核心

C. 始终代表中国先进生产力的发展要求，先进文化的前进方向，最广大人民群众的根本利益

D. 最高理想和最终目标是全面建成小康社会

13. 党的十七大代表的产生，经过了基层党组织和广大党员的充分酝酿；经过了各级党组织的反复筛选并进行公示；经过了各选举单位党的代表大会会议的选举。这说明(　　)。

A. 党坚持民主集中制，充分发扬党内民主

B. 党代表由人民选举，对人民负责

C. 党的全国代表大会是最高国家权力机关

D. 公民的选举权具有组织保障

14. 中国共产党的宗旨是(　　)。

A. 全心全意为人服务　　B. 实现共产主义

C. 社会主义事业的领导核心　　D. 巩固国家政权

15.“各级党委要全面分析和正确判断经济社会发展面临的形势，确定经济社会发展的基本思路和工作重点，加强和改进对经济社会重大事务的综合协调，把握社会主义现代建设大局。”这段话说明(　　)。

A. 中国共产党是中国工人阶级的先锋队

B. 中国共产党执政的实质是大力发展生产力

C. 中国共产党对国家的领导是经济领导

D. 中国共产党是中国特色社会主义事业的领导核心

16. 中国共产党、各民主党派、人民代表大会和人民政协在我国政治生活中的重要作用，在“两会”联袂举行过程中得到了集中展示。它们之间的关系是(　　)。

A. 全国人民代表大会同中国共产党、各民主党派、人民政协是领导与被领导、监督与被监督的关系

B. 中国共产党和各民主党派是人民政协的组成部分，在各级人大中均有他们的代表

C. 人民政协和各级人大为多党合作提供了渠道，都是爱国统一战线组织

D. 民主党派、人民政协和人大都接受中国共产党的领导，政协对党的大政方针发挥政治协商作用

17. 实行民族区域自治是我国一项基本政治制度，其本质和核心是(　　)。

A. 坚持中国共产党的领导　　B. 维护国家的统一

C. 民族自治和区域自治的统一　　D. 由少数民族当家作主

18. 近年来，内蒙古自治区生产总值以年均 16.6%的速度增长，社会各项事业迅速发展，这表明实行民族区域自治制度(　　)。

A. 确保了人民当家作主的地位

B. 促进了民族区域自治地方的发展和繁荣

C. 有利于巩固和发展社会主义新型民族关系

D. 使各民族在经济和社会发展上实现了平等

19.《第十一届全国人大代表名额及选举办法》规定，第十一届全国人民代表大会中，少数民族代表的名额应占代表总额的 12%左右。人口特少的民族，至少应有全国人民代表大会代表 1 人。上述材料体现了(　　)。

A. 各民族的大团结是我国统一、繁荣、昌盛的重要保证

B. 各民族都有平等权利参加国家事务的管理

C. 各民族都有权管理本民族内部事务

D. 各民族都有权管理本地区事务

20. 近十年来，我国各民族自治区域都根据本地区的经济、政治和文化特点，制定了一些地方性法规和具有法律效力的决定决议，并报上一级主管部门批准后生效。这说明(　　)。

A. 实行民族区域自治地方的自治机关有高度的自治权

B. 实行民族区域自治地方的自治机关有立法权

C. 实行民族区域自治地方的自治机关有一定的自治权

D. 实行民族区域自治地方是具有独立主体的实体

21. 我国促进民族关系的和谐要坚持的基本原则是(　　)。

A. 民族区域自治　　B. 坚持国家的统一领导

C. 民族平等、团结、共同繁荣　　D. 消除民族间的一切不平等

22. 十一届全国人大代表中少数民族代表共有411人，占代表总数的13.76%，全国55个少数民族都有本民族的代表。这表明我国(　　)。

A. 各民族都有自己的长处和特点　　B. 少数民族与汉族平等地参与国家管理

C. 民族区域自治制度得到不断发展　　D. 各民族的经济、文化发展消除了不平衡

23. 我国宪法规定：中华人民共和国是工人阶级领导的、以工农联盟为基础的人民民主专政的社会主义国家。它表明人民民主专政是我国的(　　)。

A. 国体　　B. 政体　　C. 根本制度　　D. 经济基础

24. 我国的政体是(　　)。

A. 人民民主专政

B. 人民代表大会制度

C. 中国共产党领导下的多党合作和政治协商制度

D. 民族区域自治制度

25. 宪法规定，中华人民共和国的一切权力属于(　　)。

A. 全国人民代表大会　　B. 人民

C. 地方各级人民代表大会　　D. 全国人大常委会

26. 中华人民共和国第十二届全国人民代表大会第五次会议，于2017年3月5日~15日在北京召开。会议的主要议程是：听取和审议国务院总理李克强关于政府工作的报告；审查和批准2016年国民经济和社会发展计划执行情况与2017年国民经济和社会发展计划草案的报告，批准2017年国民经济和社会发展计划。上述材料表明(　　)。

A. 全国人大是最高国家权力机关　　B. 全国人大依法行使立法权

C. 人民代表大会是我国的根本政治制度　　D. 其他国家机关由国家权力产生

27. 我国目前的政党制度是(　　)。

A. 一党制

B. 多党制

C. 轮流执政

D. 中国共产党领导的多党合作和政治协商制度

28. 我国实行民族区域自治的政策，是由我国的历史特点和现实状况决定的。这里的现实状况是指(　　)。

A. “大杂居，小聚居”的民族分布特点

B. 中国自秦汉以来就是统一的多民族国家

C. 各民族在长期斗争中形成了相互依存的民族关系

D. 各少数民族自古以来都实行高度自治

29. 民族区域自治的核心是(　　)。

A. 保障少数民族当家作主，自主管理本民族、本地方事务的权利

B. 高度自治，繁荣稳定

C. 民族平等，共同繁荣

D. 民族团结，国家统一

30. 在我国，村民委员会和居民委员会属于(　　)。

A. 基层政权组织　　B. 基层自治组织

C. 基层经济组织　　D. 基层民间团体

《中华人民共和国治安管理处罚法》已经于 2005 年 8 月 28 日由第十届全国人大常委会第十七次会议审议通过，自 2006 年 3 月 1 日起实施。据此回答 31~34 题。

31. 全国人大行使了(　　)职权。

A. 立法权　　B. 任免权

C. 重大事项的决定权、监督权　　D. 修改宪法

32. 关于人民代表大会，下列说法正确的是(　　)。

①全国人民代表大会是最高国家权力机关；②行使立法权，是全国人民代表大会及其常委会的主要职权；③各级人大代表均由人民间接选举产生；④人民参与国家管理，是通过全国人民代表大会行使的

A. ①②③④　　B. ①②④　　C. ①③④　　D. ①④

33. 人民行使国家权力的方式是(　　)。

A. 人民代表大会制度　　B. 各级人民代表大会

C. 民族区域自治制度　　D. 人大代表

34. 多年的实践证明，坚持和完善人民代表大会制度，最根本的是要坚持(　　)。

A. 中国共产党的领导地位

B. 以经济建设为中心不动摇

C. 让人民享有基本的民主权利

D. 党的领导、人民当家作主、依法治国的有机统一

35. 下列对民族区域自治认识正确的是(　　)。

①自治机关是自治地方的司法机关和行政机关；②自治地方分为自治区、自治州、自治县(旗)；③民族自治地方拥有高度自治权；④在少数民族聚居的地方实行民族自治

A. ①②　　B. ②④　　C. ①③　　D. ③④

二、多项选择题

1. 中华人民共和国的一切权力属于人民，人民行使国家权力的机关是(　　)。

A. 全国人民代表大会及其常委会　　B. 地方各级人民代表大会及其常委会

C. 人民代表大会制　　D. 人民民主专政

2. 人民代表是国家权力机关的组成人员，我国各级人民代表大会代表(　　)。

A. 由民主选举产生，来自人民，受人民监督，为人民服务，向人民负责

B. 有一定任期

C. 宪法赋予他们特有的权利和义务

D. 都是国家干部

3. 我国人民代表大会，同资本主义国家实行的议会制的区别表现在(　　)。

A. 建立的经济基础不同　　B. 体现的国家性质不同

C. 组织和活动原则不同　　D. 权力的大小不同

4. 第十一届全国人大代表中，来自一线的工人和农民代表人数明显高于上一届，有3位农民工代表首次参加全国人大会议。农民工当人大代表(　　)。

A. 体现了我国民主的广泛性和真实性　　B. 反映了国家对公民民主权利的尊重

C. 说明我国民主制度不断完善　　D. 表明社会主义民主是全民民主

5. 人民代表大会制度是人民依据宪法和法律，行使国家权力的根本制度，具体表现在(　　)。

A. 直接体现我国人民民主专政的国家性质　　B. 保证每个公民直接管理国家和社会事务

C. 是建立其他有关国家管理制度的基础　　D. 实行民主集中制原则

6. 我国民主党派的作用表现在(　　)。

A. 参加国家政权

B. 参加政府，或为执政党之一

C. 参加国家大政方针和国家领导人选的协商

D. 参与国家事务的管理

7. 中国共产党的三大作风是(　　)。

A. 理论联系实际　　B. 密切联系群众

C. 批评与自我批评　　D. 民主集中制

8. 中国共产党领导的多党合作和政治协商制度是我国的一项基本政治制度。遵守宪法和法律是多党合作的根本准则。这一准则的基本内容包含(　　)。

A. 各民主党派与共产党一样，得到宪法的承认和保护

B. 各政党都享有宪法规定的政治自由、组织独立和法律地位平等

C. 各政党都应在法律规定的范围内开展活动

D. 各政党在政府生活中的地位完全平等

9. 在党的十七大报告中，“基层群众自治制度”首次被纳入中国特色政治制度范畴。下列有关村民自治的正确认识是(　　)。

A. 村民可以直接投票选举村干部

B. 通过村民自制章程和村规民约等形式规范村干部和村民的行为

C. 保障人民群众依法管理自己的事情，不受国家干涉

D. 是社会主义民主最为广泛而深刻的实践形式之一

10. 党的十七大召开前，党代表的条件、选举产生程序、代表名额分配、构成比例等细节问题都向社会公开。党中央要求候选人的推荐提名从基层开始，所有基层党组织的党员都要参加。这表明(　　)。

A. 民主集中制是我党的根本组织制度和领导制度

B. 选举党代表是公民的一项基本政治权利

C. 党务公开是执政党与时俱进的体现

D. 党内民主是党的生命，有利于实现党的宗旨

11. 中国共产党的性质是(　　)。

A. 中国工人阶级的先锋队　　B. 中国人民的先锋队

C. 中华民族的先锋队　　D. 中国公民的先锋队

12. 扩大基层民主是社会主义民主政治建设的基础性工作，因为基层民主(　　)。

A. 是人民直接行使民主权利的渠道

B. 是社会主义民主政治最根本特点

C. 已经成为中国最广泛的民主实践

D. 是培养群众直接管理社会公共事务的学校

三、判断题

1. 人民民主专政的国家同其他类型的国家是一样的。(　　)
2. 三权分立制度不适合我国国情。(　　)
3. 我国民主党派是在野党。(　　)
4. 中国共产党领导的多党合作制不是一党制而是多党制。(　　)
5. 人民代表大会是国家权力机关。(　　)
6. 我国的人民代表大会制度实际上就是西方资本主义国家的议会制。(　　)
7. 民族区域自治制度就是在少数民族居住的地方实行自治。(　　)
8. 民族区域自治制度的核心是自治权。(　　)

四、简答题

1. 坚持和完善人民代表大会制度的重要意义是什么？

2. 中国共产党领导的多党合作和政治协商制度的基本内容是什么？

任务二　认识我国民主政治的发展道路

知识目标

（1）通过教学使学生识记：政治体制、社会主义民主及其本质。

（2）明确认识党的领导与人民当家做主、依法治国有机统一；人民当家做主是社会主义的本质。

能力目标

（1）正确观察、分析社会以及国内外常见的政治现象，确立自己的政治方向，坚定自己的政治立场。

（2）能够正确分析民主的含义，如何发展社会主义民主政治。

情感、态度与价值观目标

认同我国社会主义政治制度的特点和优势，确立主人翁意识，提高自己的政治素质，树立为建设有中国特色的社会主义事业而奋斗的政治责任感。

教学重点、难点

（1）理解人民当家做主是社会主义的本质。

（2）坚持党的领导、人民当家做主和依法治国的有机统一。

【考核建议】

1. 考核知识点：人民民主是社会主义的生命

建议考核形式：选择题、判断题。

2. 考核知识点：积极稳妥推进政治体制改革的重大意义

建议考核形式：判断题。

3. 考核知识点：发展社会主义民主政治，必须坚持党的领导、人民当家做主、依法治国有机统一

建议考核形式：选择题、辨析题。

4. 考核知识点：我国社会主义民主政治的优势

建议考核形式：选择题。

【知识梳理】

一、人民民主是社会主义的生命(理解、叙述)

(1) 社会主义民主的本质：我国是社会主义国家，一切权力都来自人民、属于人民，这就决定了人民当家作主是社会主义民主政治的本质和核心。

(2) 民主和社会主义的关系：

第一，民主和社会主义具有不可分割性。发展社会主义民主政治是我国政治体制改革的基本方向和建设社会主义现代化国家的重要目标。

第二，扩大人民民主，保障人民享有更多更切实的民主权利，是社会主义制度的基本要求。例：法律的制定和修改。

第三，发展基层民主，确保基层广大人民群众当家作主，是社会主义制度的发展方向。例：人大代表的选举、基层群众自治制度等。

二、积极稳妥推进政治体制改革的重大意义(理解、叙述)

(1) 政治体制：是指政治权力的存在方式和运行方式。政治体制改革作为我国全面改革的重要组成部分，必须随着经济社会的发展而不断深化，与人民政治参与积极性的不断提高相适应。

(2) 推进政治体制改革的重大意义：深化政治体制改革，必须坚持正确的政治方向，以保证人民当家作主为根本，以增强党和国家活力、调动人民积极性为目标，扩大社会主义民主、建设社会主义法治国家、发展社会主义民主政治。

三、发展社会主义民主政治(理解、叙述)

(1) 我国民主政治的实践：我国的社会主义民主政治，产生于中国共产党和中国人民为争取民族独立、人民解放和国家富强而进行的伟大实践中，是适合中国国情和社会主义进步要求的选择。

(2) 党的领导与人民当家做主、依法治国有机统一：

① 社会主义民主政治的内涵：党的十七大报告中第一次明确地阐述了中国特色社会主义政治发展道路的内涵。这就是：坚持党的领导、人民当家做主和依法治国的有机统一，坚持和完善人民代表大会制度、中国共产党领导的多党合作和政治协商制度、民族区域自治制度以及基层群众自治制度，不断推进社会主义民主政治，最根本的就是坚持党的领导、人民当家做主和依法治国的有机统一。

② 党的领导是坚持人民当家做主的根本保证：社会主义民主政治的本职要求是人民当家做主。只有坚持党的领导，才能保证人民当家做主。党的领导又是坚持依法治国的重要保证。只有坚持党的领导，实行依法治国，才能把党的主张与国家意志、人民意志统一起来，才能实现人民当家做主这一社会主义民主政治的本质要求。

(3) 坚持党的领导、人民当家作主和依法治国的有机统一的要求：必须坚持和完善党的领导制度，坚持科学执政、民主执政、依法执政；必须扩大公民有序地政治参与，保障人民当家做主；必须坚持依法治国。

四、我国社会主义民主政治的优势(理解)

第一，中国特色社会主义民主制度，能够有效整合人民群众中各个阶层和群体的不同利益。

第二，中国特色社会主义民主制度，能够在现代化进程中维护社会公平正义，保持社会协调发展。

第三，中国特色社会主义民主制度，能够保持国家长期稳定发展，有利于国家的长治久安。

练　习　题

一、单项选择题

1. 发展和完善社会主义民主政治的基本标志是(　　)。

A. 基层民主生活制度的健全　　B. 消除了专政主义和资产阶级的腐朽思想

C. 民主的制度化和法律化　　D. 公民参政意识大大提高

2. 发扬社会主义民主与坚持共产党的领导在本质上是一致的，这是因为(　　)。

A. 社会主义民主的本质是人民当家做主

B. 共产党的领导体现了人民的根本利益

C. 共产党是人民中的先进分子

D. 共产党执政就是领导和支持人民掌握和行使管理国家的权利

3. 我国是人民民主专政的社会主义国家，作为人民民主专政国家制度的核心内容和根本准则是(　　)。

A. 以工农联盟为基础　　B. 一切权力属于人民

C. 坚持四项基本原则　　D. 中国共产党领导的多党合作制度

4. 国体、政体、国家职能三者之间的关系具体表现在(　　)。

A. 国体决定政体，政体决定国家职能

B. 国家职能决定政体，政体决定国体

C. 国体决定政体，政体和国家职能反映国体

D. 国体反映政体，国家职能反映国体

5. 判断国家性质的根本标志是(　　)。

A. 生产力的发展水平

B. 人民生活的富裕程度

C. 处理国家对外关系的原则

D. 国家政权掌握在哪个阶级手中，实行为哪个阶级服务的政策

6. 建设社会主义政治文明，最根本的是(　　)。

A. 坚持党的领导，人民当家做主和依法治国的有机统一

B. 坚持和完善人民代表大会制度

C. 坚持中国共产党领导的多党合作和政治协商制度

D. 不断推进社会主义制度的自我完善和发展

7. 我国《宪法》规定：国家尊重和保障人权。实现人权的根本途径是(　　)。

A. 保障公民的政治权利和自由　　B. 促进经济和社会进步

C. 维护国家的主权和领土完整　　D. 坚持人权高于主权

8. 我国党和政府时时刻刻接受人民监督的根本原因在于(　　)。

A. 我国是人民当家做主的社会主义国家

B. 人民代表大会制度是我国的根本政治制度

C. 我国政府是为人民服务的政府

D. 政府由人民直接选举产生

9. 在下列组织中，属于基层群众自治组织的是(　　)。

A. 职工代表大会和行业协会　　B. 村民委员会和居民委员会

C. 妇女代表大会和妇联　　D. 乡政府和政府

10. 我国宪法规定，中华人民共和国年满18周岁的公民，都有选举权和被选举权(依法被剥夺政治权利的人除外)。下列对公民选举权与被选举权认识正确的是(　　)。

A. 选举权与被选举权是公民的基本民主权利

B. 反映了我国民主主体的广泛性

C. 选举权和被选举权都不能放弃

D. 我国公民有权选举国家领导人

11. 吉林省政府于2017年7月24日(星期一)14时召开省政府十二届十次全体会议。会议内容：省委副书记、省长刘国中讲话。邀请社会各界人士旁听了会议，名额50人。吉林省政府十届十二次全体会议首次向公众开放，诚邀公众报名参加旁听，共有包括工人、农民、教师和下岗职工在内的45名公民参加，并在省政府准备的留言表上写下了自己的意见和建议。由此可见(　　)。

A. 民主是统治阶级管理国家事务的国家制度

B. 民主具有鲜明的阶级性

C. 我国的人民民主具有真实性

D. 公民直接管理国家和社会事务的权利

12. 十届全国人大五次会议审议通过了十一届全国人大名额和选举问题的决定。根据这一决定，我国将首次在农民工队伍中产生人大代表。这反映了我国人民民主具有(　　)。

①绝对性；②真实性；③全民性；④广泛性

A. ②④　　B. ②③　　C. ①②　　D. ①③

13. 胡锦涛同志提出“人民民主是社会主义的生命”是在(　　)。

A. 中共十六大　　B. 中共十六届三中全会

C. 中共十七大　　D. 中共十七届二中全会

14. 在我国，要保证人民充分享有民主，就应该(　　)。

①打击侵害人民民主权利的行为；②使所有的人都享有民主；③推进民主政治建设；④坚持依法治国

A. ①②③　　B. ②③④　　C. ①③④　　D. ①②④

15. 依法治国的目的是(　　)。

A. 以宪法和法律为依据　　B. 将国家事务纳入法制轨道

C. 实现社会主义民主的制度化　　D. 保证人民群众行使当家做主的权利

16. 社会主义民主政治的本质是(　　)。

A. 民主集中制　　B. 共产党的领导

C. 人民当家做主　　D. 坚持社会主义道路

17. 发展社会主义民主政治，最根本的是要(　　)。

A. 坚持党的领导、人民当家做主和依法治国的有机统一

B. 实现民主政治的制度化、规范化、程序化

C. 充分发挥人民群众的监督作用

D. 有领导、有步骤地推进政治体制改革

18. 改革和完善党的领导方式，对于推进社会主义民主政治建设，具有全局性作用。党的领导主要是(　　)。

A. 政治、思想和组织领导　　B. 集中精力抓经济

C."总揽全局，协调各方"　　D. 直接做各种具体领导工作

二、多项选择题

1. 我国现阶段的人民民主专政是(　　)。

A. 我国的国体

B. 对劳动人民实行民主，对阶级敌人实行专政

C. 工人阶级领导的国家政权

D. 以工农联盟为阶级基础

2. 人民民主是社会主义的本质要求和内在属性。这是因为人民民主是(　　)。

A. 多数人对少数人的专政

B. 社会主义公有制在政治上的集中表现

C. 马克思列宁主义关于社会主义民主的一个根本观点

D. 调动人民积极性，推动社会主义经济和政治发展的必要条件

3. 到2016年1月，全国各省、市、区人大换届选举陆续完成，这是社会主义民主一次最广泛、最深刻的实践。是因为(　　)。

A. 选举权和被选举权是公民的基本民主权利

B. 选举权和被选举权是公民参与国家管理的基础和标志

C. 选举人大代表体现了人民当家做主的地位

D. 这是人民直接管理国家事务的途径

4. 在我国，完善民主权利保障制度主要包括(　　)。

A. 坚持和完善人民代表大会制度

B. 坚持和完善中国共产党领导下的多党合作和政治协商制度

C. 坚持和完善民族区域自治制度

D. 坚持和完善基层群众自治制度

5. 下列关于民主与专政关系的说法正确的是(　　)。

A. 民主与专政相辅相成、互为前提

B. 民主是专政的基础，专政是民主的保障

C. 对一定阶级既实行民主又实行专政

D. 统治阶级的民主意味着对被统治阶级的专政

6. 每一个中国公民，都应当在享有政治自由权利的同时，自觉履行维护国家统一和民族团结的义务。因为(　　)。

A. 每个人的命运与国家盛衰和民族兴亡紧密联系在一起

B. 在我国，公民的权利和义务是统一的

C. 国家统一和民族团结是我国顺利进行社会主义现代化建设的基本保证

D. 国家统一和民族团结是实现公民的政治自由权利和其他权利的重要保证

三、判断题

1. 我国的政治体制改革是对社会主义制度的完善和发展。(　　)

2. 依法治国，就是国家立法、公民守法。(　　)

3. 社会主义民主政治同资本主义民主政治之间存在着某种联系。(　　)

4. 建设社会主义民主政治是逐步发展的历史过程。(　　)

5. 社会主义民主只是一种手段，而不是目的。(　　)

6. 资本主义民主的形式要比社会主义民主完备一些，因此，资本主义民主高于社会主义民主。(　　)

7. 社会主义民主根本区别于资本主义民主之处就在于它由人民直接行使国家权力。(　　)

8. 党的领导就是党要搞包办代替，就是一切都由党说了算。(　　)

四、简答题

1. 中国特色社会主义民主政治制度的优势是什么？

2. 中国特色社会主义政治发展道路的内涵是什么？

项目四　参与政治生活

任务一　依法行使民主权利

知识目标

（1）通过教学使学生识记：民主选举、政府的含义、职能。

（2）理解公民如何享有广泛的政治权利和自由，理解政府的性质及其职能。

能力目标

（1）通过本课学习，培养学生自觉行使自己的民主权利和监督权。

（2）能举例说明我国的政府是为人民服务的政府、是接受监督的政府、是法治的政府、是透明的政府。

（3）能举例说明我国政府的不同职能。

情感、态度与价值观目标

通过学习，能认同公民有序参与政治，依法行使权利，参与国家政治生活，自觉维护国家利益。

教学重点、难点

（1）公民行使民主权利的主要方式。

（2）政府的职能。

【考核建议】

1. 考核知识点：行使民主权利的主要形式

建议考核形式：选择题、简述题。

2. 考核知识点：行使监督权的主要途径

建议考核形式：判断题、情境分析题。

3. 考核知识点：我国政府的主要职能

建议考核形式：选择题、判断题、简述题。

4. 考核知识点：监督政府权力的行使

建议考核形式：简述题、选择题、情境分析题。

【知识梳理】

一、行使民主权利的主要形式(了解)

1. 政治权利和自由

政治权利和自由是指公民依法参与政治生活、管理国家事务和社会事务、表达意愿的权利和自由。我国公民依法享有广泛的政治权利和自由，这是社会主义民主的具体体现，也是公民政治参与的基础。

2. 我国公民的政治权利

(1) 选举权和被选举权：

① 法律资格：中华人民共和国年满 18 周岁的公民。(依法被剥夺政治权利的人除外。)

② 含义：公民依法享有的选举国家权力机关代表和被选举为国家权力机关代表的权利。

③ 地位：选举权和被选举权是公民最基本的政治权利，行使这个权利是公民参与管理国家和管理社会的基础和标志。

(2) 政治自由：

① 内容：包括言论、出版、结社、集会、游行、示威等。

② 地位：政治自由是人民参与国家政治生活、行使当家做主权利的重要方式。

(3) 监督权：

① 含义：监督权是指公民有监督一切国家机关和国家工作人员的权利。

② 内容：公民对于任何国家机关和国家工作人员有提出批评和建议的权利；对于任何国家机关和工作人员的违法失职行为，有向国家机关提出申诉、控告或者检举的权利，但是不得捏造或者歪曲事实进行诬告陷害。

3. 行使民主权利的主要形式

我国是人民当家做主的社会主义国家，人民当家做主的主要内容和形式是民主选举、民主决策、民主管理、民主监督，以保障人民的知情权、参与权、表达权、监督权。

(1) 民主选举：是指人民根据自己的意愿，按照法定形式，选定国家各级代表机关的代表和某些国家公职人员的行为。

从国家的角度说，民主选举是政治文明的体现，它是民主政治的基石；从公民的角度说，它是公民的基本权利之一，是一种重要的政治权利。

（2）民主决策：公民通过民主选举，选出代表人民意志的人进入决策机关，参与、审议、监督和制定决策，这是公民参与决策的间接途径。

公民还可以通过社情民意反映制度、社会公示制度、专家咨询制度、社会听证制度，以及农村实行的“一事一议”制度等形式直接参与民主决策。

（3）民主管理：村民委员会、城市居民委员会、职工代表大会是公民直接行使民主权利、参与民主管理的重要形式。

（4）民主监督：是指公民对国家宪法、法律和法规的实施，对重大方针政策的贯彻执行，以及对国家机关及其工作人员的工作进行的监督。

二、行使监督权的主要途径(理解、叙述概念、践行)

（1）通过信访举报制度行使监督权：公民可以通过给国家机关写信、打电话或当面向有关人员反映自己的意见，提出批评、建议。

（2）通过人大代表联系群众制度行使监督权：公民可以将自己的意见、建议和要求反映给人大代表，形成人大代表议案，上传到国家权力机关。

（3）通过舆论监督制度行使监督权：公民可以依法在新闻媒体三公开发表意见。

此外，还有监督听证会、民主评议会、网上评议政府、村务公开栏、民主日、监督箱等新形式、新方法，为公民行使监督权提供了更广泛的渠道。

三、我国政府的主要职能(了解)

在社会主义市场经济条件下，我国政府担负着政治、经济、文化和公共服务等四项主要职能。

1. 政治职能

（1）保卫国家的独立与主权。

（2）保护公民的生命安全及各种合法权益。

（3）保护国家、企业和个人的合法财产不受侵犯。

（4）保障人民民主，协调社会矛盾。

（5）保证社会公平，打击犯罪活动，维护社会治安和社会秩序。

2. 经济职能

（1）在市场经济运行的基础上，对国民经济总量进行调控，制定中长期规划，进行产业政策指导、信息发布以及规范市场准入。

（2）对市场主体的行为进行监督和管理，做好服务。

3. 文化职能

（1）宣传马克思主义科学理论，弘扬和培育民族精神，提高全民族的思想道德素质和科学文化素质。

（2）组织和发展教育、科学、文化、卫生、体育等各项事业，提高文化软实力。

4. 公共服务职能

（1）发展各项社会事业；

（2）实施公共政策、扩大社会就业、提供社会保障、建设公共基础设施，健全政务、办事和信息等公共服务系统。

政府的职能是有限的。在社会主义市场经济条件下，一个负责任的政府，首先要明确自己的职权所在，做到不越位、不错位、不缺位，把该管的事情管好。同时，要不断提高为经济社会发展服务、为人民服务的能力和水平。

四、监督政府权力的行使(理解、践行)

公民监督政府的主要途径和方式有：

(1) 向相关部门反映情况。

(2) 批评、建议、举报、信访、行政复议、申诉、行政诉讼、民主评议、民主测评。

练 习 题

一、单项选择题

1. 某市政府规定，“凡是市政府发布或经市政府同意以部门名义印发的涉及经济社会发展和人民群众切身利益的重要文件，均需进行解读”。强调解读文件“要使用人民群众读得懂、听得懂的语言”。这一措施(　　)。

A. 保障人民群众享有更多的管理权和监督权

B. 体现了政府审慎用权、民主决策的工作态度

C. 能使人民群众直接参加政府决策

D. 有利于人民群众了解和监督政府工作

2. 长江三角洲是我国基层民主建设发展较快的地区之一。当地的“民主恳谈会”是基础政府就重大决策和建设规划等问题征询群众意见的新举措，已经成为基层政府联系当地群众的新形式。在这种场合，群众行使的政治权利是(　　)

A. 选举权　　B. 集会自由　　C. 监督权　　D. 行政申诉权

3. 近几年，在检察机关立案侦查的贪污贿赂案件中，80%的线索来源于群众的揭发、举报。根据人民群众的揭发、举报，检察机关查处了全国人大常委会原副委员长成克杰、江西省原副省长胡长清、安徽省原副省长王怀忠等贪污受贿赂案。这一事实说明(　　)。

A. 国家依法保护公民的合法权利

B. 公民在认真履行监督权

C. 我国公民民主权利的广泛性

D. 我国的检察机关应该加强独立办案侦察能力

4. 政治权利和自由，是指公民依法参与国家政府生活、管理国家事务和表达意愿的权利和自由，在我国，公民享有广泛的政治权利和自由。在我国公民最基本的政治权利是(　　)。

A. 生存权和发展权

B. 选举权和被选举权

C. 对国家机关及其工作人员的监督权

D. 言论、出版、集合、结社、游行、示威的权利和自由

5. 2007年7月，国务院启动城镇居民基本医疗保险试点，并将在3年内全面推开。这表明政府在履行(　　)。

A. 保障人民民主和维护国家长治久安的职能

B. 组织社会主义经济建设的职能

C. 组织社会主义文化建设的职能

D. 提供社会公共服务的职能

6. 下列活动中不属于履行国家职能的是(　　)。

A. 国务院颁布有关教育方面的文件　　B. 公安部部署"严打"活动

C. 人民法院行使审判权　　D. 人民政协行使参政议政职能

7. 2007年，广东省全省范围内实现学生免费义务教育，到2008年，在全省城市范围内推广免费教育。这一政策体现了(　　)。

A. 政府履行经济职能

B. 我国政府是人民的政府

C. 我国坚持依法治国的原则，加强法制建设

D. 我国是人民民主专政的社会主义国家

8. 下列对政治自由的理解正确的是(　　)。

A. 法律约束下的自由不是真正的民主　　B. 自由就是想干什么就干什么

C. 自由以法律为前提，超越法律无自由　　D. 自由是绝对的，不受限制的

9. 某市政府开通热线电话，听取市民对公交线路优化方案的意见。这体现了市民(　　)。

A. 参与民主管理　　B. 履行政治性义务

C. 参与民主监督　　D. 参与民主决策

10. 政府在我们生活中发挥着重要作用，有些问题必须要找政府帮助解决。下列问题必须找政府帮助解决的是(　　)。

A. 李红家中无钱上学　　B. 王平想学驾驶

C. 张三的房子要过户　　D. 某商场宣传册有误导消费者的语言

11. 全国人大有关部门于2005年9月27日，就《个人所得税法修正案(草案)》举行立法听证会，广泛听取包括广大工薪收入者在内的社会各方面的意见和建议。这是全国人大及其常委会历史上举行的第一次立法听证会。据此回答(1)和(2)题。

(1) 举行这次听证会有利于(　　)。

①公民依法参政议政；②公民直接地行使立法权；③人民群众直接决定国家和社会的重大事务；④公民参与国家政治生活

A. ①②③④　　B. ①④　　C. ①③④　　D. ①②③

(2) 全国人大及其常委会举行立法听证会所体现的公民政治权利是(　　)。

A. 立法权　　B. 选举权和被选举权　　C. 人身自由权　　D. 批评建议权

12. 一方面，我们要树立权利意识，珍惜公民的政治权利；另一方面，我们也要树立义务意识，自觉履行公民的政治义务。下列属于政治义务的是(　　)。

A. 维护国家安全，保守国家秘密　　B. 建议权和监督权

C. 申诉、控告和检举　　　　　　D. 选举和被选举

13. 公民积极参与政治生活，具有选举权的公民是(　　)。

A. 30 周岁的中华人民共和国合法公民　　B. 依法被剥夺政治权利的公民

C. 外国公民　　　　　　D. 15 周岁的中华人民共和国公民

14. 生活在法治国家里，人人都要和各种政府部门打交道。政府能否依法行政至关重要，下列选项对此理解不正确的是(　　)。

A. 依法行政直接影响到宪法和法律的权威、尊严

B. 依法行政直接关系到依法治国基本方略能否顺利实施、建设社会主义法治国家的宏伟目标能否顺利实现

C. 依法行政是依法治国的重要环节

D. 依法行政是依法治国的前提

15. 公民对政府进行制约和监督的目的是(　　)。

①给政府挑刺，发泄不满；②促使政府依法行政；③促使政府决策民主化、科学化；④帮助政府树立良好的形象

A. ①　　B. ③　　C. ①②③　　D. ①②③④

16. 我国公民的政治权利和自由包括(　　)。

①选举权和被选举权；②言论、出版、结社、集会、游行、示威自由；③监督权；④人身自由

A. ①　　B. ②　　C. ①②③　　D. ①②③④

17. 在当今的信息时代，各级政府通过网络直播、网络论坛、市长热线等平台，不断拉近与公众的距离。这说明(　　)。

A. 公民行使民主监督必须遵守法律，按规则办事

B. 信访制度已经过时了，需要采用新的监督方法

C. 政府在创造新形式、新方法，保障公民的知情权

D. 国家机关为公民参与民主监督提供了更多、更有效的渠道

18. 2006 年 7 月，广州出台全国首部规范公众参与行政立法的规章规定：在法规实施阶段要举行监督听证会，公开听取公众对法规实施情况的意见以及对法规修改的建议，为法规的修改、完善做准备。这说明(　　)。

A. 公民对法规的修改、完善具有决定权　　B. 政府保障了公民的知情权

C. 公民参与民主监督有了法律保障　　D. 公民要负责任地实行民主监督

19. 自 2009 年 8 月 1 日起，《广州市城镇基本医疗保险普通门诊统筹试行办法》正式实施，260 万广州医保参保人员开始享受普通门诊报销待遇。这体现了政府积极履行(　　)。

A. 政治职能　　B. 经济职能　　C. 文化职能　　D. 公共服务职能

20. 我国政府的宗旨是为人民服务，政府的原则是对人民负责，从根本上说是由(　　)决定的。

A. 国家性质　　B. 政府职能　　C. 宪法　　D. 政府性质

21. 政府行使权力的出发点和落脚点是(　　)。

A. 维护和提升政府的权威　　B. 建立廉洁、高效的政府

C. 充分调动群众的积极性　　　　D. 人民的根本利益

22. 公民直接参与民主决策的途径有(　　)。

①社情民意反映制度；②社会公示制度；③社会听证制度；④农村的"一事一议"制度

A. ①　　B. ③　　C. ①②③　　D. ①②③④

二、多项选择题

1. 面对我国粮油副食品价格大幅度上涨现象，2007 年 8 月 13 日，国务院发出紧急通知，要求各地采取必要措施稳定粮油副食品价格。国家发展和改革委员会随后发出通知，要求各级价格主管部门严查乱涨价案件，维护消费者的正当权益。这体现了政府切实履行了(　　)。

A. 公共服务职能　　B. 经济调节职能　　C. 市场监管职能　　D. 政府监管职能

2. 汶川地震让半个亚洲震动，让整个世界震惊。党和政府及全国人民迅速应对地震灾害赢得世界赞誉。俄新社评论说："一个总理在两个小时内飞抵灾区的国家，一个能够出动十万救援人员的国家，一个企业和私人捐款达到数十亿元的国家，一个因争相献血、自愿抢救伤员造成交通堵塞的国家，永远不会被打垮。"这体现了(　　)。

A. 中国共产党立党为公、执政为民　　B. 个人利益与国家利益相结合的原则

C. 我国政府是人民利益的捍卫者　　D. 从群众中来到群众中去的工作方法

3. 国务院新修订的《信访条例》自 2005 年 5 月 1 日起施行。修订后的信访条例规定，各级政府应当畅通信访渠道，任何组织和个人不得打击报复信访人，违反规定的要承担相应的法律责任。公民信访(　　)。

A. 是公民实现监督权的一条重要途径

B. 是公民基本的政治权利

C. 会扰乱社会秩序，妨碍社会的稳定

D. 有利于促进政府依法行政能力和水平的提高

4. 陕西省林业厅在没有核查华南虎照片真伪的情况下，擅自发布在该省的镇平县发现了华南虎的消息，其行为错在(　　)。

A. 不尊重公民的知情权　　B. 未坚持求真务实的工作作风

C. 压制舆论监督　　D. 没有坚持对人民负责的原则

5. 受低温雨雪冰冻灾害的影响，广州火车站 2008 年春运期间每天滞留旅客 25 万人以上。广东省和广州市两级政府十分关心滞留旅客的安全，采取了一系列积极措施为滞留旅客提供保暖、医疗等服务。这表明我国政府(　　)。

A. 坚持科学发展观　　B. 是人民的政府

C. 践行对人民负责的原则　　D. 具有履行管理和服务的职能

三、判断题

1. 在我国，人民当家做主的主要内容和形式就体现在民主选举上。(　　)

2. 我国公民有监督一切国家机关和工作人员的权利，但不能歪曲事实进行诬告。(　　)

3. 我国公民的政治权利和自由是广泛的、真实的、绝对的。(　　)

4. 人们能够无拘无束，想干什么就干什么，这就是自由。(　　)
5. 舆论监督是公民行使监督权的合法途径。(　　)
6. 民主选举是政治文明的体现，是民主政治的基石。(　　)
7. 我国公民享有言论、出版、结社、集会、游行、罢工、示威的自由。(　　)
8. 我们的政府是服务型的政府，因此政府什么都管，政府的职能是无限的。(　　)

四、名词解释

1. 选举权和被选举权

2. 监督权

3. 民主选举

4. 民主监督

五、简答题

1. 什么是政治权利和自由？我国宪法规定的公民享有的政治权利有哪些？

2. 人民当家做主的主要内容和形式是什么？公民直接行使民主权利、参与民主管理的重要形式是什么？

3. 我国公民行使监督权，实行民主监督，有哪些合法的途径和方式？

4. 简述我国政府的政治职能包括哪些内容。

任务二　履行义务　承担责任

知识目标

（1）通过教学使学生识记：公民应该履行的义务有哪些？承担的责任有哪些？

（2）理解履行公民义务、承担责任的意义。

能力目标

（1）通过本课学习，公民应该知道如何履行义务和承担责任。

（2）能举例说明维护祖国统一、民族政策和宗教政策。

情感、态度与价值观目标

通过学习，能认同履行义务、承担责任是一个公民义不容辞的担当，维护祖国统一、民族团结是每一个公民的神圣职责。

教学重点、难点

（1）公民应该履行的义务有哪些？应该承担的责任有哪些？

（2）公民如何履行义务和承担责任？

【考核建议】

1. 考核知识点：自觉履行政治性义务

建议考核形式：判断题、选择题、简述题。

2. 考核知识点：履行政治性义务的意义

建议考核形式：选择题、判断题、简述题。

3. 考核知识点：有序参与政治生活

建议考核形式：辨析题、选择题、简述题。

4. 考核知识点：我国的民族政策和宗教政策

建议考核形式：判断题、辨析题、简述题。

【知识梳理】

一、自觉履行政治性义务(理解、养成、践行)

1. 政治性义务定义

是指公民根据宪法、法律规定必须履行的对国家、社会的责任。

2. 政治性义务主要表现在四方面

第一，维护国家统一和各民族团结。国家的统一、民族的团结，是顺利进行社会主义现代化建设的根本保证，也是实现公民的政治权利和其他权利的重要保证。因此，每个中国公民，都应当把自己的命运与国家盛衰、民族兴亡紧密联系在一起，自觉地履行维护国家统一和民族团结的义务。维护国家统一和各民族团结主要包括：

① 维护国家主权不被侵犯。

② 维护国家领土的完整。

③ 维护国家政权的统一。

④ 坚持民族团结。

⑤ 反对民族分裂。

第二，维护国家安全、荣誉和利益。

(1) 国家安全、荣誉和利益的定义：

① 国家安全：包括国家的主权、领土完整不受侵犯，国家的机密不被窃取、泄露和出卖，社会秩序不被破坏。

② 国家荣誉：包括国家的尊严不受侵犯、国家的荣誉不受玷污、国家的名誉不受侮辱。

③ 国家利益：包括国家经济、政治、文化利益和国家安全。

(2) 维护国家安全、荣誉和利益的要求：

① 严守国家秘密。

② 增强民族自尊心、自信心和自豪感。

③ 维护国家安定、社会稳定，同一切损害国家安全、荣誉和利益的行为做斗争。

第三，遵守宪法和法律。

宪法是国家的根本大法，是治国安邦的总章程，适用于国家全体公民，是特定社会政治经济和思想文化条件综合作用的产物，集中反映各种政治力量的实际对比关系，确认革命胜利成果和现实的民主政治，规定国家的根本任务和根本制度，即社会制度、国家制度的原则和国家政权的组织以及公民的基本权利义务等内容。

中华人民共和国宪法是中华人民共和国全国人民代表大会制定和颁布的国家根本大法。规定国家的根本制度和根本任务，公民的基本权利和义务，国家机构的组织原则和职权。宪法具有最高的法律效力，一切法律、法规都必须依据宪法，都不得同宪法相抵触。习近平新时代中国特色社会主义思想载入宪法是实现中国梦的重要思想保证。我国宪法同一些外国宪法相比较，一大特色就是明确规定了国家的根本任务、发展道路、奋斗目标，经济建设、政治建设、文化建设、社会建设、生态文明建设和国家各方面事业在宪法中都有体现、都有要求。

理论的光明照耀着道路的宽广，理论的伟大成就着事业的辉煌。通过这次修改宪法，把习近平新时代中国特色社会主义思想载入国家根本法，为新时代党和国家兴旺发达、长治久安牢牢树立起伟大的思想旗帜。

伟大时代产生伟大理论，伟大理论引领伟大时代。党的十九大一个突出亮点和重大历史贡献，就是把习近平新时代中国特色社会主义思想确立为我们党必须长期坚持的指导思想，并写入党章，实现了党的指导思想又一次与时俱进。如今，党的十九届二中全会提出《中国共产党中央委员会关于修改宪法部分内容的建议》，十三届全国人大一次会议表决通过了《中华人民共和国宪法修正案》，把习近平新时代中国特色社会主义思想载入宪法，把党的指导思想转化为国家指导思想，以国家根本法的形式确立习近平新时代中国特色社会主义思想在国家政治和社会生活中的指导地位。这充分反映了全党全国各族人民的共同意愿，体现了党的主张和人民意志的高度统一，对于更好地发挥宪法的规范、引领、推动、保障作用，进一步巩固全党全国各族人民为实现中华民族伟大复兴中国梦而奋斗的共同思想基础，凝聚起中华儿女团结奋斗的磅礴伟力，夺取新时代中国特色社会主义伟大胜利，具有重大的现实意义和深远的历史意义。

宪法和法律的地位：宪法和法律是党的主张和人民意志相统一的体现，也是公民根本的行为准则。

第四，保卫祖国，依法服兵役和参加民兵组织。

(1) 国防地位：国防是一个国家政治稳定的必要条件，是经济建设的安全保障，是独立自主行使外交权的强大后盾，是保证国家安全、荣誉和利益的主要支柱。

(2) 依法服兵役：保卫祖国、依照法律服兵役和参加民兵组织是每一个中华儿女的崇高职责。

二、履行政治性义务的意义(理解)

公民依法履行政治性义务，不仅是每个公民义不容辞的责任，也是国家长治久安的保障，是社会发展的必然要求。其意义在于：

(1)有利于公民的政治权利得到广泛充分地实现。

(2)有利于提高公民的民主法制意识，增强参与政治生活的能力。

(3)有利于依法治国，建设社会主义法治国家。

(4)有利于国家的长治久安和构建社会主义和谐社会。

三、有序参与政治生活

(1) 政治参与：是公民通过一定的方式表达政治意愿，直接或间接地影响政府决策、参与公共政治生活的政治行为。

有序的政治参与：是指公民在我国宪法和法律赋予的民主权利范围内，通过正常的渠道和途径表达政治愿望和要求，参与民主选举、民主决策、民主管理、民主监督，依法行使政治权利、履行政治性义务。

(2) 有序的政治参与的意义：有序的政治参与是公民参与政治生活的基本要求，是我国经济、政治、文化和社会全面发展的客观要求，是维护社会稳定、建设社会主义和谐社会的需要，对于推进社会主义民主政治的制度化、规范化和程序化，具有十分重要的意义。

四、我国的民族政策和宗教政策(理解、践行)

1. 我国的民族政策

坚持民族平等、民族团结和各民族共同繁荣，这是我国处理民族关系、解决民族问题的基本原则和政策。

2. 我们实行宗教信仰自由的政策

(1) 宗教信仰自由政策的具体内容：

① 每个公民既有信仰宗教的自由，也有不信仰宗教的自由。

② 有信仰这种宗教的自由，也有信仰那种宗教的自由。

③ 在同一宗教里面，有信仰这个教派的自由，也有信仰那个教派的自由。

④ 有过去不信教而现在信教的自由，也有过去信教而现在不信教的自由。

(2) 作为一名中职生，要用辩证唯物主义和历史唯物主义以及现代科学文化知识武装自己，不断提高思想道德素质和科学文化素质，树立科学的世界观、人生观和价值观，弘扬科学精神，承担起党和人民赋予的历史责任和光荣使命。

练　习　题

一、单项选择题

1. 据报道，2004 年秋天，一种印有日本军旗的丝巾出现在兰州市场，甚至还成为流行的饰品。据此回答下面两个问题：

(1) 此事一经报道，立即引起人们的强烈谴责。这表明(　　)。

A. 我国公民有强烈的民族自豪感与自信心

B. 我国公民有强烈的民族自尊心

C. 我国公民法律意识强，关心国家安全

D. 我国公民坚决维护国家主权和领土完整

(2) 这一事件给我们的启示是(　　)。

A. 公民不应该张扬个性，穿着要朴素大方

B. 应大力抵制日本商品的进口

C. 公民应自觉维护国家的荣誉和利益

D. 必须依法严惩不法经营行为

2. 当代中国公民参与政治生活的基本要求是(　　)。

A. 必须对人民负责　　　　B. 权利与义务相统一

C. 无序的政治参与　　　　　　　　　　D. 有序的政治参与

3. 为了帮助新疆维吾尔自治区发展教育事业，南京市的一些大学、中学近年来一直承担培训维吾尔族等少数民族中小学教师的任务。这些学校为来自新疆地区的少数民族教师提供了良好的学习、生活条件，受到了各方面的好评。这说明(　　)。

A. 实现各民族共同繁荣，就能消灭民主之间的差别

B. 切实帮助少数民族地区发展经济、文化、教育事业，是加强民族团结的重要途径

C. 我国消除了各民族在发展文化教育方面的不平等现象

D. 实现各民族的平等是当前做好民族工作的根本任务

4. 公民的政治性义务主要有(　　)。

①维护国家统一和各民族团结；②维护祖国的安全、荣誉和利益；③遵守宪法和法律；④爱护环境；⑤依法服兵役

A. ①　　　B. ②　　　C. ①②③④　　　D. ①②③⑤

5. 有序与无序的政治参与的区别是(　　)。

① 是否遵循宪法和法律；②是否认同现有的政治制度；③是否遵循规则、程序参与民主选举、民主决策、民主管理、民主监督；④是否坚持中国共产党的领导

A. ①②　　　B. ②③　　　C. ①②③④　　　D. ①③④

6. 以下属于政治生活的内容是(　　)。

①选举投票；②两会召开；③听证会；④评议政府工作；⑤公益活动

A. ①　　　B. ①②③　　　C. ①②③④　　　D. ①②③④⑤

7. 下列观点，正确的是(　　)。

A. 国家鼓励公民信仰宗教

B. 宗教信仰自由意味着教徒可以在学校开展传教活动

C. 国家保护一切宗教活动

D. 宗教信仰自由包括信教和不信教的自由

8. 下列公民行使监督权的行为中，正确的是(　　)。

A. 诬告他人，发泄对政府工作人员的不满情绪

B. 张贴大字报，干扰政府部门的工作

C. 为了尽快解决问题，拦截公务车辆

D. 依法在新闻媒体公开发表自己的意见

9. 在第十一届全国人大代表中，少数民族代表 411 名，占全国人大代表总数的 13.16%，全国 55 个少数民族都有本民族的代表，即使人口最少的少数民族——只有 2000 多人的珞巴族，也有 1 名全国人大代表，这说明(　　)。

A. 各民族平等地参与国家事务的管理

B. 少数民族享有特殊的政治权利和自由

C. 各民族团结在祖国的大家庭里

D. 各族人民逐步消除在经济、政治、文化上的差别

10. 第五套人民币背面印有蒙、藏、维、壮四种少数民族的文字，这体现了我国坚持的民族(　　)。

A. 友好原则　　B. 互助原则　　C. 团结原则　　D. 共同繁荣原则

11. 下列属于政治生活内容的是(　　)。

A. 2009 年秋季中职德育课开始执行新德育课课程改革方案

B. 张明参加所在社区的"创建文明城市"志愿者活动

C. 高速公路不停车自动收费系统的应用

D. 2008 年奥运会在北京举行

12. 作为中国独具特色的宗教圣地，安徽省九华山倾力打造"宗教名山"品牌，积极将宗教文化与旅游经济结合起来，开辟极具特色的宗教文化旅游圣地。这表明(　　)。

A. 国家保护正常的宗教活动　　B. 国家鼓励宗教事业的发展

C. 宗教可以与社会主义相适应　　D. 宗教的本质发生了变化

13. 在第十一届全国人大代表中，每个少数民族都有本民族的代表。西藏珞巴族人口不足 3000 人，也拥有 1 名全国人大代表。这体现出我国处理民族关系的原则是(　　)。

A. 民族团结原则　　B. 民族互助原则

C. 民族平等原则　　D. 各民族共同繁荣原则

14. 2008 年北京奥运会期间，我国在奥运村设置专门的宗教服务中心，有专业神职人员为各国运动员和官员提供宗教服务。这表明(　　)。

A. 宗教思想与科学世界观不存在根本的对立

B. 正常的宗教活动都是在宗教服务中心进行的

C. 宗教信仰与奥运精神是完全一致的

D. 我国尊重和保护宗教信仰自由

15. 近年来，国内网站纷纷开设"两会直通车"等论坛，网民热论国是。这表明(　　)。

①网络有利于政府了解社情民意，促进决策科学化和民主化；②政府应认真对待和采纳网民提出的意见和建议；③网络拓宽了民意反映渠道，是公民参与政府生活的重要平台；④依法行使表达权是公民参与国家管理的基础和标志

A. ①②　　B. ①③　　C. ②③　　D. ③④

16. "你对国家的热爱更高于对职业和薪水的追求"，这是某媒体对姚明回国参加奥运会的高度评价。姚明的行为体现了我国公民(　　)。

A. 积极履行公民义务，维护国家荣誉和利益

B. 坚持个人利益与国家利益相一致的原则

C. 坚持享受权利与履行义务对等的原则

D. 把个人命运与国家荣誉紧密联系在一起

17. 近年来，北京市 16 个区人大代表换届选举中，出现了一种声音——"我要自荐参选北京市区、县人大代表一职"。有一位自荐参选者说："人大代表不是一种荣誉，而是一种责任和义务。我参加选举的目的是维护公民的权利。"选民明确提出，不了解的候选人不选，不办实事的候选人不选，不替百姓说话的候选人不选。这表明(　　)。

A. 选举权和被选举权是公民的基本政治权利

B. 人大代表是国家权力机关的主体

C. 人大代表是直接选举产生的

D. 人民群众的政治参与意识日益增强

二、多项选择题

1. 2005 年 2 月 3 日，时任国家主席胡锦涛在会见十一世班禅额尔德尼·确吉杰布时说，宗教与社会主义相适应，就是要自觉遵守国家法律法规，努力维护社会稳定、民族团结和祖国统一，积极弘扬宗教教义中扬善抑恶、平等宽容、扶贫济困等与社会主义道德要求贴近的积极内容。对这段话理解正确的是(　　)。

A. 广大教徒与全国人民在根本利益上是一致的

B. 宗教有与社会主义社会相适应的政治基础

C. 宗教问题往往与民族问题密切相关

D. 宗教与社会主义不存在本质上的区别

2. 有序的与无序的政治参与，其区别在于(　　)。

A. 是否遵循法律、规律、程序参与民主选举、民主决策、民主管理、民主监督

B. 是否依法行使政治权利、履行政治性义务

C. 是否正确处理权利与义务的关系

D. 能否有序地进行政治参与，能否真正地享受民主生活

3. 陕西农民周正龙(周老虎)拍摄的所谓华南虎照片发表初期，围绕其真假问题，在网络上掀起了轩然大波。支持者有之，反对者有之。公民在网络上存在分歧，乃至激烈争论都很正常，但不能成为动辄谩骂以致人身攻击的“网络暴民”。对“网络暴民”的行为，下列看法正确的是(　　)。

A. 这是我国公民享有广泛的政治权利和自由的具体表现

B. 对公民行使监督权不可求全责备

C. 他们割裂了权利和义务的关系

D. 他们是一种无序的政治参与

4. 随着社会的发展，网络进入千家万户，成为人们日常生活的有机组成部分，已不再仅仅只是虚拟世界的代称。网络已是工具，不再是“游戏”人生的地方，更不是无度宣泄情绪的场所，因此(　　)。

A. 政府要净化网络环境，抵制不文明行为，形成健康向上的网络文明新风

B. 网民们要担当起维护社会文明与道德的使命，文明上网

C. 网络传媒要采取多种方式，使人们潜移默化地接受正确的价值观念

D. 网络媒体要通过市场运作大力追求经济效益

5. 由于美国 CNN 电台对 2008 年 3 月 14 日发生在中国西藏自治区首府拉萨市的少数藏独分子打砸抢烧暴力事件进行了歪曲、污蔑的报道，并公开支持藏独侮辱中国人民，引起了在美国的中国留学生的强烈不满。中国留学生于 4 月 18 日在美国国会山举行了示威抗议。中国驻美留学生的行为是(　　)。

A. 维护国家安全、荣誉和利益的表现　　B. 维护国家统一和民族团结的表现

C. 对国家承担责任的表现　　D. 公民参与社会公共管理活动的表现

6. 下列属于政治生活内容的是(　　)。

A. 全国人大审议通过《中华人民共和国宪法修正案》

B. 年满十八周岁的李华选举县人大代表

C. 西气东输工程以及青藏铁路全线贯通

D. 在第十五届多哈亚运会上，中国体育健儿夺得金牌总数第一

7. 坚持人民当家做主，就是不断拓宽渠道，积极引导人民群众合法、负责、理性有序地参与国家和社会管理。这一要求表明(　　)。

A. 在我国，公民参与国家和社会管理是不受限制的

B. 在我国，公民的权利与义务是统一的

C. 公民的政治参与应该依法有序进行

D. 公民应自觉提高自身素质，负责任地行使民主权利

8. 有人提出，和谐社会应包容多元的利益诉求，为此要构建一个畅通有效的利益诉求机制。人民代表大会应该承担起公共论坛的功能，真正成为各阶层利益诉求的平台。这种观点的依据是(　　)。

A. 社会主义民主的实质是人民当家做主

B. 我国公民享有广泛的政治权利和自由

C. 社情民意是决策的重要信息资源

D. 人民代表大会是我国人民行使权利的机关

三、判断题

1. 任何人都离不开政治生活，政治参与既是公民的一种权利，也是公民的一种责任。(　　)

2. 没有无义务的权利，也没有无权利的义务，权利和义务是对等的。(　　)

3. 某中职学校学生小明在最后学年的实习期间应征入伍，因此未能取得毕业证。(　　)

4. 遵守公共秩序、社会公德是公民的政治性义务。(　　)

5. 公民依法履行政治义务有利于增强参与政治生活的能力。(　　)

6. 参加网上评议政府活动是公民参与政治生活的方式之一。(　　)

7. 国家保护一切宗教活动。(　　)

8. 公民有宗教信仰自由，因此教徒可以在公园派发有关宗教的宣传资料。(　　)

四、简答题

1. 我国宪法规定的公民政治性义务有哪些？

2. 履行政治性义务的意义何在？

任务三　关注国际社会　维护国家利益

知识目标

（1）通过教学使学生识记：主权国家，联合国的宗旨、原则和作用，我国的外交政策。

（2）理解中国在国际事务中的作用。

能力目标

（1）通过本课学习，能说明我国是如何参与国际事务的。

（2）为什么说和平与发展是当今世界的主题。

（3）能说明我国在国际事务中是如何坚持外交政策的。

情感、态度与价值观目标

通过学习，能关心国家和世界大事，有序参与政治生活，自觉维护国家利益。

教学重点、难点

（1）联合国的宗旨、原则和作用。

（2）我国的外交政策。

【考核建议】

1. 考核知识点：我国在国际社会发挥的重要作用

建议考核形式：选择题、判断题、简述题。

2. 考核知识点：自觉维护我国的国家利益

建议考核形式：选择题、判断题、辨析题。

3. 考核知识点：我国外交政策的基本内容

建议考核形式：选择题、是非题。

4. 考核知识点：我国始终不渝走和平发展道路的积极意义

建议考核形式：选择题、简述题。

【知识梳理】

一、和平与发展是当今时代的主题(了解)

(1) 主题的提出背景。

(2) 当今国际形势的总体特征。

(3) 确立和平与发展作为时代主题的意义。

二、我国在国际社会发挥的重要作用(理解、养成)

(1) 中国积极参与国际事务：作为国际社会的重要成员，中国在享有国际法确认的权利的同时，积极履行相应的义务，在国际事务中发挥着积极的作用，成为维护世界和平、促进共同发展的坚定力量。今天，中国采取更为积极的外交政策，更为深入地、全方位地融入国际社会，参与国际事务。

(2) 中国是负责任的发展中国家：

① 在国际交往中，中国历来注重在平等互利基础上，同所有国家发展友好关系，不以意识形态和社会制度定亲疏。

② 在国际事务中，中国依照事情本身的是非曲直独立做出判断，根据国家利益和世界人民的福祉来决定自己的立场，不盲从、不屈服于任何势力。

③ 在国际关系中，中国坚持以对话和协商的方式处理与其他国家的历史遗留问题和现实分歧。

④ 作为联合国安理会常任理事国，中国遵循联合国宪章宗旨和原则，恪守国际法和公认的国际关系准则，积极履行签署的国际条约和义务、调解国际争端、缓解国家间的矛盾、妥善处理突发重大事件，为推动和平解决国际热点问题和地区冲突发挥积极的建设性作用。

⑤ 中国关注、支持和促进发展中国家的经济发展，为促进发展中国家的经济发展做出了积极的贡献。

二、自觉维护我国的国家利益(理解、养成、践行)

(1) 国家利益的地位：国家利益是一个国家制定和确立对外政策及其目标的基本依据，是国家对外活动的出发点和归宿，是决定国际关系的主要因素。国家利益的内容是变化的，国家利益的变化会导致国际关系的变化。

(2) 国家利益的内容：任何国家在对外交往中，都必须维护本国的国家利益，这主要包括国家的经济利益、政治利益、文化利益和国家安全。

(3) 在当代国际社会中，中国政府要通过增强国家的实力、坚持社会主义方向、抵制外国的干涉等，努力维护我国国家利益，同时，也要尊重别国合理的国家利益，并维护各国人民的共同利益。

(4) 作为一名中职生，我们要树立国家观念、民族意识，增强民族自尊心、自信心、自豪感，努力学习文化知识，提高自身素质，努力维护国家安定、社会稳定的政治局面，同一切损害国家利益的现象做斗争。

三、我国外交政策的基本内容(了解)

当今世界面临着一系列难题，比如人口膨胀、资源枯竭、生态失衡、粮食缺乏、疾病蔓延、毒品贩卖、贫富悬殊、民族矛盾、地区冲突、国际反恐等。在这些问题中，对人类的生存和发展具有决定性影响的全球性问题主要有两个，就是和平与发展问题。

(1) 和平问题：指的是维护世界和平，防止新的世界战争的问题。

和平是人类社会存在和发展的基本条件，是各国经济发展和其他全球性问题解决的必要前提。

(2) 发展问题：是指世界经济的发展，特别是发展中国家经济的发展问题。

发展经济是维护世界和平的重要保障，谋求经济发展与社会繁荣是人类永恒的课题。

(3) 我国外交政策的基本内容：我国的国家性质和国家利益决定了我国奉行独立自主的和平外交政策。其基本内容包括：

① 独立自主是我国外交政策的基本立场。独立自主就是在国际事务中坚决捍卫国家独立、主权和领土完整，对国际问题自主地决定自己的态度和对策。

② 维护世界和平，促进共同发展是我国外交政策的宗旨。

③ 维护我国的独立和主权，促进世界的和平与发展，是我国外交政策的基本目标。

④ 和平共处五项原则是中国处理国际事务和对外关系的基本准则。它包括相互尊重主权和领土完整、互不侵犯、互不干涉内政、平等互利、和平共处。

四、我国坚定不移走和平发展道路的积极意义(理解)

(1) 中国的和平发展：就是争取在和平的国际环境中加快发展自己，同时又以自身的发展来促进世界和平。中国的和平发展，是和平的发展、开放的发展、和谐的发展、合作的发展。

(2) 我国坚定不移走和平发展道路的积极意义：

第一，和平发展是中国现代化建设的必由之路。

第二，中国以自身的发展促进世界的和平与发展。

第三，中国依靠自身力量和改革创新实现发展。

第四，实现与各国的互利共赢和共同发展。

第五，建设持久和平与共同繁荣的和谐世界。

补充阅读材料

1. 全面把握我国独立自主的和平外交政策

(1) 我国外交政策的决定因素：我国是人民民主专政的社会主义国家，既消除了我国屈从于外国侵略、奴役的社会根源，也消除了对外侵略的社会根源，这就决定了我国奉行独立自主的和平外交政策。维护国家利益是主权国家制定和推行对外政策的依据。我国正在进行的社会主义现代化建设亟须一个和平的国际环境，因而，我国要坚定不移地维护自己的国家利益、主权和领土完整，同时，也要承担必要的国际义务，在维护本国利益的同时，自觉维护他国的合理利益和人类的共同利益。我国的国家性质和国家利益决定了我国奉行独立自主的和平外交政策。

(2) 我国外交政策的基本目标：维护我国的独立和主权，促进世界的和平与发展。理解这一目标要从国内、国际两个层面：从国内层面看，维护我国的独立和主权，就是维护我们国家和民族的最高利益，是我国外交政策的首要目标；从国际层面看，促进世界和平与发展，符合中国人民和世界人民的共同愿望和根本利益，是时代的要求，是不可阻挡的历史潮流，因此，这也是我国外交政策的宗旨。

(3) 我国外交政策的基本立场：独立自主。我们要注意把握独立自主的主要表现：

第一，捍卫我国的独立、主权和领土完整，在涉及民族尊严和国家利益问题上，决不屈服于任何外来压力。

第二，我国处理一切对内、对外事务的独立自主权利神圣不可侵犯，决不允许别国以任何借口侵犯我国主权、干涉我国内政。

第三，不依附于任何大国，不同任何大国或国家集团结盟，不搞军事集团，不联合一个国家去反对另一个国家。

第四，处理国际问题，根据其自身的是非曲直决定自己的态度和政策。

第五，尊重别国人民选择符合本国国情的社会制度、发展道路和生活方式。

(4) 我国对外关系的基本准则：和平共处五项原则。理解这一点要注意突出以下三个方面的问题：

① 和平共处五项原则的内容及相互关系：互相尊重主权和领土完整，是五项原则的核心和基础；互不侵犯、互不干涉内政是各国和平共处的保证；平等互利、和平共处是五项原则的目标。五项原则构成一个有机整体，成为国家间和平共处的基本前提和必要条件。

② 和平共处五项原则的重要性：它是建立国际政治经济新秩序的基础。和平共处五项原则反映了新型国际关系的本质特征，它是对几个世纪以来霸权主义和强权政治的反对，是对国家独立自主权利的维护，是一项崭新的国际准则。实践证明，和平共处五项原则，能很好地协调国家之间的关系，维护国际社会的和平与稳定，是一项国际社会普遍公认的行之有效的国际准则。

③ 和平共处五项原则的特点：

第一，广泛性。不论是社会制度、意识形态和价值观念相同的国家，还是社会制度、意识形态和价值观念不同的国家，都可以建立起相互信任、相互尊重、平等互利、和平共处的友好合作关系。

第二，科学性。和平共处五项原则是一个相辅相成、不可分割的有机整体，互相尊重主权和领土完整是和平共处五项原则的基础；互不侵犯、互不干涉内政是各国和平共处的保证；平等互利、和平共处是五项原则的目标。

第三，时代性。和平共处五项原则反映了新型国际关系的本质特征，完全符合联合国宪章的宗旨和原则，符合现代国际关系中的民主精神，反映了国际社会特别是广大发展中国家的共同愿望，体现了时代的特点。

（5）我国的外交成就：中国外交政策的实施，维护了国家的独立、主权和领土完整。发展同世界上绝大多数爱好和平的国家的友好合作关系，提高了我国的国际地位，维护了世界和平，促进了世界发展。实践证明，中国是维护世界和平与稳定的积极因素和坚定力量，是促进世界经济发展的重要力量，对国际事务发挥着重要的影响和作用。

2. 伙伴关系与结盟关系

我国的外交政策是不与任何国家结盟，但近年来与俄罗斯、法国、非洲等国家结成了伙伴关系。伙伴关系与结盟关系二者的主要区别是本质特征不同：伙伴关系的本质特征是伙伴国之间平等、不结盟，不针对、不损害第三国的利益，他们建立的基础是利益关系，大国之间以对话方式来解决分歧和争端，其目的是促进世界的和平与发展，改善大国间的关系。结盟关系的本质特征是通过双边或多边条约缔结同盟，制定共同的联盟战略和联合作战计划，必要时统一部署军事力量，统一行动，联手对付损害同盟国利益的国家。结盟关系的国家以使用武力或以武力相威胁的方式来解决国家之间的分歧和冲突，其目的是维护同盟国集团的利益，对世界的和平与稳定往往产生不利的影响。

3. 我国的和平发展道路

（1）中国和平发展道路的内涵：就是要把中国国内发展与对外开放统一起来，把中国的发展与世界的发展联系起来，把中国人民的根本利益和世界人民的共同利益结合起来，通过自身的努力和自主创新，采取和平的方式增加财富，实现自身的发展。

（2）中国走和平发展道路的原因：其一，是由中国历史文化传统所决定的。中国历来具有爱好和平的优良传统。其二，是由社会主义国家的性质决定的。中国作为社会主义国家，是维护世界和平的坚定力量。其三，是由中国自身发展需要所决定的。中国现代化建设需要一个和平的国际环境。其四，是基于当今世界发展潮流的必然选择。和平与发展是当今时代主题，中国走和平发展的道路，符合人类社会发展的客观要求。

练　习　题

一、单项选择题

1. 中国人在世界组织中担任要职的越来越多了，2006 年陈冯富珍以高票当选世界卫生组织总干事；2007 年 2 月沙祖康被任命为联合国负责经济和社会事务的副秘书；2007 年 11 月中国律师张月姣被世界贸易组织正式任命为该组织的上诉机构成员；2016 年 9 月，马云拿着一美元的工资成为联合国助理秘书长，担任贸易和发展会议青年创业和小企业特别顾问；2017 年 4 月 25 日，马云以联合国助理秘书长这一高级官员身份，回到联合国瑞士日内瓦中心“打卡上班”。这些都证明了（　　）。

A. 中国已成为世界上发达国家了　　B. 中国是联合国安理会常任理事国

C. 国际新秩序的建立　　D. 中国在国际上的政治地位不断提高

2. 我国积极开展多边外交，努力发展同发达国家的关系，全面深化同周边国家的睦邻友好关系，大力加强同发展中国家的团结合作。我国外交政策的宗旨是(　　)。

A. 独立自主

B. 和平共处五项原则

C. 维护世界和平，促进共同发展

D. 维护我国的独立和主权，促进世界的和平与发展

3. 如今，我国领导人出访的足迹遍及亚洲、非洲、北美洲和大洋洲。我国开展全方位外交，与各国加强联系、深化合作、积极交流，这表明(　　)。

A. 我国主张的国际新秩序已经建立

B. 维护国家主权是我国对外关系的基本准则

C. 我国坚定不移地走和平发展道路

D. 加强国家间的合作是我国对外关系的基本立足点

4. 我国强调，要尊重发展模式的多样化，支持各国根据本国国情选择适合自身条件的发展道路，这表明(　　)。

A. 我国致力于发展国际政治经济新秩序

B. 和平共处五项原则是我国对外关系的基本准则

C. 促进世界和平与发展是我国外交政策的首要目标

D. 独立自主是我国外交政策的基本立场

5. 上海合作组织成员国元首理事会第八次会议于 2008 年 8 月 28 日上午在塔吉克斯坦首都杜尚别开幕，中国国家主席胡锦涛同其他成员国领导人出席会议。本次峰会是在上海合作组织成员国缔结《上海合作组织成员国长期睦邻友好合作条约》基础上，团结互信进入新阶段、务实合作取得新进展、国际影响进一步提升的背景下召开的，这说明(　　)。

①要求和平是时代的主流；②谋求经济发展成为时代的主流；③不公平不合理的国际经济旧秩序已经根本改变；④没有和平就没有发展

A. ①②③　　B. ②③④　　C. ①③④　　D. ①②④

6. 在北京奥运会开幕式表演中，中国向世界展示了汉字“和”从古至今的演化，在中国，“和”的思想源远流长。从我国外交政策的基本内容看，与这一思想一致的有(　　)。

①我国外交政策的基本目标；②我国对外关系的基本准则；③和平与发展是当今时代的主题；④我国主张建立的公正合理的国际新秩序

A. ①②　　B. ③④　　C. ①②③　　D. ①②③④

7. 2008 年 6 月 18 日，第四次中美战略经济对话在美国闭幕，两国签署的《中美能源环境十年合作框架》文件对中美未来经济合作具有重大影响。这体现了(　　)。

①中美两国存在合作的基础；②国家间的根本利益是一致的；③国家利益是国际关系的决定性因素；④中美是推动建立国际经济新秩序的积极力量

A. ①②　　B. ③④　　C. ①③　　D. ②④

8. “和平是世界人民的第一需要，没有和平，任何建设都无从说起。”这句话说明的道理是(　　)。

A. 维护和平是发展经济的前提和基础，没有和平，就没有发展

B. 发展经济是维护和平的根本保证

C. 和平与发展是当今时代的两个主题

D. 有效制止战争归根到底取决于和平力量的经济发展程度

9. 2008 年 5 月 10 日，国家主席胡锦涛对日本被媒体称为“暖春之行”的访问，为中日经济带来新的机遇，也为东亚经济带来新的气象。影响中日关系的决定性因素是(　　)。

A. 外交政策　　B. 国家利益　　C. 历史问题　　D. 国家力量

10. 1953 年 12 月，周恩来在会见印度代表团时，首次系统提出了和平共处五项原则，经过 1955 年的万隆会议为许多国家所接受。五项基本原则的主要内容包括(　　)。

①互相尊重主权和领土完整；②平等互利、和平共处；③互不侵犯、互不干涉内政；④尊重和维护世界文明的多元化

A. ①②③　　B. ②③④　　C. ①③④　　D. ①②④

11. 和平与发展的核心问题是(　　)。

A. 南北问题　　B. 维护世界和平问题

C. 反对霸权主义、强权政治问题　　D. 建立国际经济政治新秩序问题

12. 当今世界政治最突出的问题和集中表现是(　　)。

A. 和平问题　　B. 政治多极化　　C. 和平与发展　　D. 恐怖主义

13. 当今世界经济最核心的问题和集中表现是(　　)。

A. 经济全球化　　B. 发展问题　　C. 和平与发展　　D. 和平问题

14. 对于一切国际事务，都从中国人民和世界人民的根本利益出发，根据事情本身的是非曲直，决定自己的立场和政策，不屈从于任何外来压力。中国不同任何大国或国家集团结盟，不搞军事集团，不参加军备竞赛，不进行军事扩张。材料体现了(　　)。

A. 中国对外政策的宗旨是维护世界和平，促进共同发展

B. 独立自主是我国对外政策的根本宗旨

C. 维护和平是我国对外政策的基本目标和首要任务

D. 中国是维护世界和平和地区稳定的坚定力量

15. 中国与广大发展中国家有着共同的历史遭遇，又面临着维护国家独立、实现经济发展的共同目标，合作基础深厚，前景广阔。加强与发展中国家的团结与合作符合中国人民和其他发展中国家的共同利益。材料表明(　　)。

A. 中国对外政策的宗旨是维护世界和平，促进共同发展

B. 加强和巩固同发展中国家的团结与合作是中国外交政策的立足点

C. 独立自主是我国对外政策的根本宗旨

D. 维护和平是我国对外政策的基本目标和首要任务

16. 中华人民共和国成立以后，我国国家领导人出访的足迹遍及世界各大洲，开展全方位的外交，加强与各国的联系，深化与各国的合作与交流。这说明(　　)。

A. 我国主张的国际新秩序已经建立

B. 加强国际合作是我国对外政策的基本立场

C. 我国坚定不移地走和平发展道路

D. 维护国家主权是我国对外关系的基本准则

17. 为了逼迫人民币升值，美国多次指责中国的汇率制度，并向中国政府施压，而中国政府的态度极为明确：保持人民币汇率稳定。由此可见，在国际事务中，我国政府(　　)。

A. 坚持独立自主的基本立场

B. 坚持我国的独立与主权，不盲从、不屈服于任何势力

C. 对国际问题自主地决定自己的态度和对策

D. 促进世界的和平与发展是我国对外政策的基本目标

18. 解决各国经济发展和其他全球性问题的必要前提是(　　)。

A. 资源　　B. 安全　　C. 和平　　D. 发展

19. 近年来，中国为防范和打击恐怖主义专门组建了反恐特种部队，并参加国与国之间的联合反恐演习，这说明(　　)。

①恐怖主义是当前世界各国急需解决的中心问题；②世界各国的根本利益是相同的；③促进世界和平与发展是我国外交政策的基本目标；④反恐是各国政府和人民共同的任务

A. ①②③④　　B. ①③　　C. ②④　　D. ③④

20. 中国虽然还是一个发展中国家，但是中国关注、支持和促进其他发展中国家的经济发展，提供了不附带任何条件的帮助，这表明(　　)。

A. 我国坚持和平共处五项基本原则

B. 我国政府把无私援助作为外交基本原则

C. 维护世界和平、促进共同发展是我国外交政策的宗旨

D. 坚决维护国家主权

21. 2008 年北京奥运的主题口号是“同一个世界，同一个梦想”，奥运会的开幕式上用 897 块活字印刷字盘变换出不同字体的“和”字，这些都共同表达了(　　)。

① “以和为贵”是中华民族的优良传统；② 建设持久和平和共同繁荣的和谐世界是我们的共同目标；③ 我国与世界各国的利益是完全一致的；④ 我国积极发展同世界各国和地区的经贸关系

A. ①②③④　　B. ①②　　C. ①②③　　D. ①

22. 任何国家在对外交往中都必须维护本国的利益，这包括(　　)。

①经济利益；②政治利益；③文化利益；④国家安全

A. ①②③　　B. ①②④　　C. ①②③④　　D. ①③④

二、多项选择题

1. 2004 年 12 月，印度洋地震引发海啸使得国际社会高度关注。温家宝在 2005 年 1 月 6 日东盟地震和海啸灾后问题领导人特别会议上说，中国将积极参与以联合国等国际组织和东盟为主导的援助行动，决定在已有承诺的基础上，再提供 2000 万美元，用于多边救援和重建。这表明(　　)。

A. 我国积极履行国际责任与义务

B. 我国的国家性质和国家利益决定着我国的外交政策

C. 促进世界的和平与发展是我国外交政策的基本目标之一

D. 国家力量决定我国对外关系的原则和立场

2. 2005 年 10 月 15~16 日第七届二十国集团(G20)财长和央行行长会议在北京举行，时任国家主席胡锦涛出席开幕式并发表了题为《加强全球合作，促进共同发展》的重要讲话。他强调，当今世界正在发生深刻而复杂的变化，我们正面临着一个机遇和挑战并存的局面。同时指出，中国政府将在关税、减免债务、优惠贷款、公共卫生、人力资源开发等方面采取措施帮助非洲国家，这表明(　　)。

A. 中国在国际社会中是一个负责任的国家

B. 中国以维护世界和平、促进各国共同发展为外交政策的首要目标

C. 在国际关系上，中国坚持他国利益高于本国利益

D. 中国致力于建设持久和平、共同繁荣的和谐世界

3. 一项历史数据表明，自 1990 年到 2008 年 11 月间，中国共参与联合国维和行动 22 项，累计派出维和人员上万人次；仅 2008 年一年在海外执行维和任务的官兵就有 1900 多人之多，是联合国安理会五个常任理事国中派出维和人员最多的国家。这充分说明(　　)。

A. 中国已成为维护世界和平与安全的重要力量

B. 维和行动有利于实现我国外交政策的基本目标

C. 中国致力于加强同世界其他国家的合作与交流

D. 维和行动有利于扩大中国同联合国其他成员国的军事联系

4. 下列属于和平问题的是(　　)。

A. 近年来，中美关系总体上保持积极发展的良好势头

B. 美国一直敦促朝鲜停止核试验

C. 随着共和党废除奥巴马医改方案失利、税改推进不顺，人们开始质疑特朗普推动经济更快增长承诺的可信度

D. 2017 年 7 月 18 日，印度军队再次朝印巴实际控制线附近的巴控克什米尔地区开火，并进行炮击，造成平民伤亡

5. 中国政府积极参与对边国际合作，致力于国际关系民主化，倡导以互信、互利、协作为核心的新安全观，主张通过全球性的合作应对全球性的挑战。例如，坚定奉行“与邻为善、以邻为伴”的方针和“睦邻、安邻、富邻”的政策；改善和发展同发达国家的关系，不计较制度和意识形态的差别，在和平共处五项基本原则的基础上，扩大共同利益的汇合点，妥善解决分歧。这表明(　　)。

A. 各国的根本利益是一致的

B. 和平与发展是当今世界的主题

C. 中国坚持独立自立的和平外交政策，走和平发展道路

D. 通过与其他国家结成联盟来维护国际安全

6. “没有一种势能能永远持久”。有起就有落，有升就有降。世界的“命运之轮”正在缓缓地朝多极格局运转。但是，在多极格局形成之前，人类还不知道要在“一超多强”的过渡时期里付出多少艰苦的努力，经历多少残酷的斗争。这段材料表明(　　)。

A. 两极格局解体，世界格局已经形成

B. 世界的多极化是一个复杂、曲折、长期的过程

C. 世界格局多极化趋势不可阻挡，但并不是一蹴而就的

D. “一超”是指美国，“多强”是指日本、欧盟、中国和俄罗斯等国家或国家联盟

7. 面对世界经济与政治发生的重大变化，邓小平敏锐地察觉到时代主题开始转换。邓小平对时代主题的科学判断包含(　　)。

A. 和平与发展是当代世界的两大突出问题

B. 我们有可能争取较长时期的和平环境

C. 和平与发展是当代世界主要矛盾的集中体现

D. 世界和平与发展仍面临着严峻的挑战

8. 英国著名经济学家约翰·邓宁教授指出，“除非有天灾人祸，经济活动的全球化不可逆转。”阿尔及利亚前总统布特弗利卡曾说，“经济全球化的列车已经开动，不管你是否坐在车上。”该材料反映了(　　)。

A. 经济全球化是当今世界的基本特征

B. 经济全球化已成为一种客观历史潮流

C. 经济全球化格局已经形成

D. 加强国际经济合作成为各国顺应经济全球化的理性选择

9. 人类和平与发展的崇高事业前景光明，同时传统安全威胁和非传统安全威胁的因素相互交织，世界经济发展不平衡，南北差距继续扩大，使人类面临种种矛盾和挑战。面对当今纷繁复杂的世界，我们应该更加重视和谐、强调和谐、促进和谐。建立和谐世界(　　)。

A. 必须致力于实现各国和谐共处

B. 必须致力于实现全球经济和谐发展

C. 必须致力于实现不同文明和谐进步

D. 是世界各国人民的共同愿望与人类社会发展的必然要求

10. 维护世界和平、促进共同发展是各国人民的共同愿望，也是不可阻挡的历史潮流。维护世界和平、促进共同发展作为中国外交政策宗旨的决定因素是(　　)。

A. 中国的社会主义国家性质

B. 中国是世界上最大的发展中国家的国际地位

C. 中国自身的利益

D. 中国现实发展状况

11. 首倡和平共处五项原则的国家有(　　)。

A. 中国　　B. 巴基斯坦　　C. 印度　　D. 缅甸

12. 我国在外交政策中奉行独立自主的原则，这主要体现在(　　)。

A. 坚持把国家主权和国家利益放在首位

B. 真正的不结盟

C. 反对霸权主义，维护世界和平

D. 不与霸权主义国家交往

三、判断题

1. 中国坚定不移地奉行独立自主的和平外交政策，其基本目标是维护中国的独立、主权和领土完整，为中国的改革开放和现代化建设创造一个良好的国际环境。其宗旨是维护

世界和平，促进共同发展。(　　)

2. 中国是联合国安理会常任理事国。(　　)

3. 中美建交在 1978 年。(　　)

4. 和平与发展是中国现代化建设的必由之路。(　　)

5. 中国的和平发展是通过世界的和平发展来促进自身的发展。(　　)

6. 半个多世纪以来，和平共处五项原则逐渐被世界上大多数国家接受，成为规范国际关系的重要准则。(　　)

7. “神舟”系列飞船的发射成功，是我国依靠自身力量和改革创新实现发展的典范。(　　)

8. 发展经济是维护世界和平的重要保障。(　　)

三、简答题

1. 和平共处五项原则是中国处理国际事务和对外关系的基本准则。它包括哪些内容？

2. 作为一名中职生，我们应该怎样维护国家利益？

3. 简述中国的和平发展道路。

任务四　理解对外开放的基本国策

知识目标

通过学习，帮助学生明确认识当今社会经济发展的总趋势，经济全球化的主要表现，我国的对外开放政策，我国加强国际经济竞争与合作的措施，全面提高对外开放水平以及坚持发展对外经济关系的原则。

能力目标

（1）正确观察、分析社会以及国内外常见的经济现象，能明确分析当今国际经济全球化的趋势和必然。

（2）能够进行正确的经济现象分析，为将来融入经济大潮建设奠定良好的认识基础。

情感、态度与价值观目标

正确认知经济全球化的发展给我国经济发展带来的机遇和挑战，树立远大的经济发展奋斗目标，确立主人翁意识，提高自己的综合素质，树立为建设有中国特色的社会主义经济发展而奋斗的时代责任感。

教学重点、难点

（1）我国的对外开放政策和全面提高对外开放水平。

（2）经济全球化的主要表现。

【考核建议】

1. 考核知识点：日益扩大的对外经济贸易

建议考核形式：选择题、判断题、简述题。

2. 考核知识点：把“引进来”和“走出去”结合起来、提高开放型经济水平的意义

建议考核形式：选择题、判断题、简述题。

3. 考核知识点：坚持对外开放基本国策的必要性

建议考核形式：选择题、判断题。

4. 考核知识点：增强风险意识

建议考核形式：选择题、判断题、辨析题。

【知识梳理】

一、日益扩大的对外经济贸易(了解)

(1) 对外开放的具体成就表现:

① 对外开放使我国迅速实现了向国际贸易大国的转变。

② 对外开放促进了区域经济的发展。

③ 对外开放加快了工业化进程,成为促进自主创新的重要途径。

④ 对外开放推动了社会主义市场经济体制的建立和完善。

⑤ 对外开放提升了我国国际地位和国际影响力。

(2) 对外开放政策的主要作用:对外开放有力地推动了我国工业化进程,大大增强了我国经济的国际竞争力和在世界经济中的影响力,使我国经济在更广领域、更深程度上与世界经济融合在一起。

二、"引进来"和"走出去"(了解)

(1)"走出去"和"引进来" 是支撑中国对外经济贸易合作的两大支柱:过去,我国以"引进来"为主,随着对外开放的扩大和深化,"走出去"也日益成为我国对外开放的重要渠道,"走出去"的规模将越来越大,范围将越来越广。

(2) 正确处理"引进来"与"走出去"的关系:我们要利用国内和国际两种资源,打开两个市场,学会组织国内建设和发展对外经济关系两套本领,更直接地投身国际市场竞争,更有效地参与国际分工与经济合作,以适应经济全球化潮流。

(3) 经济全球化:是指商品、服务、技术、资本等在全球范围内流动和配置,其表现形式主要是生产全球化、贸易全球化和资本全球化。

三、坚持对外开放基本国策的必要性(理解)

(1) 我国实行对外开放的基本国策是经济和社会发展的客观要求。

首先,对外开放要适应经济全球化的需要。在生产、贸易和资本的全球化进程中,任何民族和国家都不可能脱离与世界的联系,关起门来搞建设。

其次,发展和完善社会主义市场经济体制要求对外开放。市场经济是一种开放性的经济,我们搞市场经济就要打开国门、走向世界。只有积极参与国际竞争与合作,才能培育和提升我国企业的竞争力,加速我国社会主义市场经济的发展。

最后,对外开放是我国经济又好又快发展的需要。资金不足、技术与管理落后、缺乏市场开拓力等因素,是困扰我国经济发展的难题。只有全面实行对外开放,才能实现资源互补、加快现代化建设进程。

(2) 对外开放的原则:在对外开放中,既要坚持独立自主原则,又要主动融入经济全球化进程,充分吸收和利用国外先进技术、资金与管理经验,为我国经济社会发展服务。

四、增强风险意识(理解、养成)

(1) 增强风险意识：在经济全球化进程中，要增强风险意识，高度重视经济全球化带来的负面影响。在分享全球化带来的收益的同时，要居安思危、防微杜渐，全面增强自我保护和抵御风险的能力。

(2) 中国正确面对经济全球化影响的策略：

一是要正确面对全球化：坚持从我国国情出发，坚持我国政府在对外经济活动中的主导权，坚持开放市场的循序渐进，坚持权利和义务的平等。

二是积极参与全球化：要认真对待融入全球化后面对的挑战，变压力为动力，提高我国企业的管理水平，推进经济增长方式的转变，提高有关产业和服务业的国际竞争力。

三是在全球化中加快发展本国经济，增强我国的整体经济实力。只有本国的经济实力强大了，在国际社会中才有地位，在国际事务中才能发挥更大的作用。

练 习 题

一、单项选择题

1. 美国爆发的金融危机通过多条路径对他国经济产生影响。发生在美国的下列经济现象，会形成一条连贯的路径，将危机传导到他国，这条路径是(　　)。

①消费下降，消费资料进口减少；②失业增加，居民收入减少；③生产下降，生产资料进口减少；④融资困难，企业倒闭增多

A. ①→④→③　　B. ②→①→④　　C. ④→①→②　　D. ④→②→①

2. 某公司在国外建立了一个制造厂配送中心，这体现了经济全球化中的(　　)。

A. 资本全球化　　B. 贸易全球化　　C. 生产全球化　　D. 劳务全球化

3. 截至2008年年底，我国承接国际服务外包业务的企业达到3000多家，从业人员50多万人，合同执行金额40多亿美元。服务外包业务的发展表明我国(　　)。

A. 拓宽了利用外资渠道　　B. 扩大了国际技术交流

C. 扩展了对外贸易方式　　D. 优化了出口产品结构

4. 2009年3月，中华人民共和国商务部发布公告，正式否决了可口可乐公司对汇源集团的并购案。商务部称，这一否决根据《中华人民共和国反垄断法》相关条款做出，旨在防止可口可乐公司对中国饮料市场可能造成的垄断。从上述案例可以看出，在对外开放条件下，一国经济安全需要(　　)。

①法律保护；②政策护航；③企业自觉；④外企退出

A. ①②　　B. ②③　　C. ③④　　D. ①③

5. 下列选项中对经济全球化认识不正确的是(　　)。

A. 经济全球化是世界经济发展的必然结果

B. 参与经济全球化有利于国家的经济发展

C. 经济全球化加快了我国经济发展

D. 经济全球化使世界各国普遍受益

6. 洋超市大量进入中国，分抢中国市场大蛋糕。这一事例体现了(　　)。

A. 生产全球化　　B. 贸易全球化　　C. 资本全球化　　D. 信息全球化

7. 中华人民共和国商务部实施反倾销措施，是为了(　　)。

A. 保护国内免受国际不正当竞争的压力

B. 进一步规范国际市场的竞争

C. 维护国家的经济安全

D. 保护国内商品价格的平稳

8. 我国对外开放长期以来以“引进来”为主，对这一认识错误的有(　　)。

A. “引进来”是为了解决我国现代化建设资金短缺和技术落后两大难题

B. 当前“引进来”的重点是引进先进技术、管理经验和高素质人才

C. 我国是世界贸易前三强，因而当前对外贸易的重点由“引进来”转变为“走出去”

D. “引进来”就是要充分利用国际、国内两大市场，优化资源配置，拓展发展空间

9. 2006 年，我国加入 WTO 已有五年，进出口总贸易额突破 1. 76 万亿美元，随着对贸易的发展，贸易摩擦也有所增多。我国积极应对错综复杂的国际形势，努力适应外贸发展新常态，加快培育外贸竞争新优势，货物贸易规模实现新发展，货物贸易大国地位不断稳固。2009 年，我国成为全球货物贸易第一大出口国和第二大进口国。2013 年，我国超越美国成为全球货物贸易第一大国，2014～2015 年保持这一地位。2017～2018 年，我国继续保持全球货物贸易第一大国地位。2018 年，我国货物进出口占全球份额为 11. 8%，其中出口占 12. 8%，进口占 10. 8%。2018 年我国货物进出口规模超过 4. 6 万亿美元，以人民币计价首次突破 30 万亿元大关。我国发展对外经济关系，必须坚持的原则是(　　)。

A. 有效地遵守利用世贸组织的有关规则

B. 始终以本国利益为先，不退不让

C. 坚持作为发展中国家的立场

D. 独立自主、自力更生

10. 下列对经济全球化的含义正确的理解为(　　)。

A. 经济全球化是指生产要素在全球范围内流动和配置，使各国经济日益形成相互依赖、相互联系的趋势

B. 经济全球化是指以美国为代表的发达国家凭借自己的经济实力来控制世界经济的行为

C. 经济全球化是指世界各国在全球范围已完全实现了经济融合

D. 经济全球化是指生产要素不受任何限制，在全球自由流动，促进经济发展的趋势

11. 经济全球化是生产关系发展的结果，其产生的具体原因是(　　)。

①生产社会化和国际分工发展的要求；②市场经济进一步发展的客观要求；③资本为追逐高额利润的需要；④发展中国家为发展经济而提出的要求

A. ①②③　　B. ①②③④　　C. ①②④　　D. ①③④

12. 经济全球化实质上是以发达资本主义国家为主导的，它造成了(　　)。

A. 发展中国家迅速成为发达国家

B. 世界经济发展更加不平衡，两极分化更加严重

C. 发展中国家经济整体上停滞不前

D. 发展中国家经济的大倒退

13. 在经济全球化趋势面前，任何国家都不能置身事外，对此正确的对策应为(　　)。

A. 把握机遇，回避挑战

B. 抓住机遇，积极参与，趋利避害，防范风险，勇敢地迎接挑战

C. 面对挑战，我们应视而不见

D. 与发达国家步调一致，寻求发达国家的援助与指导

14. 据统计，2016 年 1~12 月，全国新设立外商投资企业 27900 家，同比增长 5%；实际使用外资金额 8132. 2 亿元人民币(折 1260 亿美元)，同比增长 4. 1%；2016 年在全球投资约达 1750 亿美元，比上年增长 50%，是 2012 年投资规模的两倍，创下了中国对外投资的历史纪录。这表明，我国在对外开放中(　　)。

A. 形成了全方位、宽领域、多层次的对外开放结构

B. 坚持“引进来”与“走出去”相结合

C. 积极利用外资发展经济

D. 积极参与区域经济交流与合作

15. 下列关于世贸组织的表达，正确的是(　　)。

A. WTO 是联合国负责经济争端仲裁的专门机构

B. WTO 的协议和协定是由发达国家通过谈判制定的

C. WTO 的主要原则之一是平等互利

D. WTO 制定的规则对所有成员国都具有约束力

二、多项选择题

1. 求新求变已成为企业生存的本能，下列做法符合企业经营理念的是(　　)。

A. 适应经济全球化的趋势，不断调整和优化产品结构

B. 政企分开，转变政府职能

C. 以市场为导向，生产适销对路的产品

D. 清理、废除与 WTO 相违背的有关政策、法规

2. 某种玩具娃娃，由中国大陆生产衣服，台湾地区生产塑料身体，日本生产尼龙头发，马来西亚负责组装，最后在美国贴上标签全球销售。这从一个侧面反映出了(　　)。

A. 生产的全球化和贸易的全球化

B. 产品分工向生产环节分工深化

C. 经济全球化的载体是相互竞争与合作的国家或地区

D. 经济全球化的实质是以发达资本主义国家为主导的

3. 我国实施“走出去”战略(　　)。

A. 是我国经济发展到一定阶段的产物

B. 是提高我国企业竞争力的必由之路

C. 是深化我国与世界各国合作的重要途径

D. 是我国实现社会主义现代化的根本途径

4. 2006 年是中国加入 WTO 五周年。五年间，我国人均 GDP 由不足 1000 美元提高到 1700 美元，我国实际利用外资超过 30000 亿美元，对外开放水平不断提高。这表明(　　)。

A. 经济全球化趋势迅速发展，各国经济联系日益紧密

B. 当今的世界是开放的世界，中国的发展离不开世界

C. 提高对外开放水平，有利于提高社会生产力、综合国力和人民的生活水平

D. 经济全球化主要是生产全球化、贸易全球化和资本全球化

5. 我国坚持对外开放的基本国策的必然性是(　　)。

A. 适应经济全球化的需要

B. 发展和完善社会主义市场经济体制的要求

C. 我国经济又好又快发展的需要

D. 经济和社会发展的要求

三、简答题

1. 我国为什么要坚持对外开放的基本国策？

2. 我们该如何应对经济全球化？

项目五　共建社会主义和谐社会

任务一　关注改善民生

知识目标

（1）了解：办人民满意的教育的重要性和国家优先发展教育的举措、我国建立基本医疗卫生制度的重要举措和我国社会保障体系的主要内容。

（2）理解：大力发展职业教育的重要意义、建立基本医疗卫生制度对构建社会主义和谐社会的意义和加快建立社会保障体系的意义。

（3）运用：从自身做起，积极参与和谐社会建设的各种活动，以实际行动化解、消除不利于社会和谐的因素。

能力目标

（1）通过学习，培养学生理论联系实际的能力、投身建设和谐社会的能力。

（2）以实际行动化解、消除社会主义和谐社会建设中的不和谐因素。

情感、态度与价值观目标

从实际出发，认同构建社会主义和谐社会的总要求，关注改善民生问题，树立和谐社会共建共享的观念。

教学重点、难点

（1）大力发展教育、建立基本医疗卫生制度。

（2）加快社会保障体系的意义。

（3）加快建立健全社会保障体系的意义。

【考 核 建 议】

1. 考核知识点：教育是兴邦之本

建议考核形式：选择题、简答题、判断题。

2. 考核知识点：加快发展现代职业教育的重大意义

建议考核形式：选择题、简答题、判断题。

3. 考核知识点：我国建立基本医疗卫生制度的重要举措

建议考核形式：判断题、选择题、简答题。

4. 考核知识点：加快建立健全社会保障体系的意义

建议考核形式：选择题、判断题。

【知识梳理】

一、教育是兴邦之本(了解)

教育是兴邦之本：优先发展教育，办人民满意的教育，具有十分重要的意义。

第一，教育是民族振兴的基石，教育公平是社会公平的重要基础。

第二，教育在经济社会协调发展过程中，具有基础性、先导性、全局性的地位。

第三，教育在构建社会主义和谐社会中起着十分重要的作用。

二、加快发展现代职业教育的重大意义(理解)

加快发展现代职业教育的重大意义：职业教育在我国的教育体系中占有非常重要的位置，对我国经济社会发展具有重要的意义。

首先，大力发展职业教育，加快培养高技能人才，是推进经济发展、促进就业、改善民生和解决"三农"问题的重要途径，是缓解劳动力供求结构矛盾的关键环节，也是完善现代国民教育体系的必然要求。

其次，大力发展职业教育，是建设人力资源强国的必然要求。

三、我国建立基本医疗卫生制度的重要举措(了解)

(1) 建立基本医疗卫生制度的举措：健全覆盖城乡居民的基本医疗保障体系，进一步完善城镇职工基本医疗保险、城镇居民基本医疗保险、新型农村合作医疗和城乡医疗救助制度。逐步提高城镇居民医保和新农合人均筹资标准及保障水平并缩小差距。

(2) 建立基本医疗卫生制度的意义：建立基本医疗卫生制度作为保障全民健康的"社会安全网"，是保证社会公平的重要途径。建立基本医疗卫生制度有利于人们生活质量的提高，有利于人的全面发展，有利于和谐社会建设。

四、加快建立健全社会保障体系的意义(理解)

(1) 社会保障体系：是指社会保障各个有机构成部分相互联系、相辅相成的总体。完善的社会保障体系是社会主义市场经济体制的重要支柱，关系改革、发展、稳定的全局。我国的社会保障体系，包括社会保险、社会救助、社会福利、社会优抚。

① 社会保险：是一种为丧失劳动能力、暂时失去劳动岗位或因健康原因造成损失的人口提供收入或补偿的一种社会和经济制度。它在现代社会保障体系中居于核心地位，是一国居民的基本保障。

我国社会保险的项目主要有：养老保险、医疗保险、失业保险、工伤保险、生育保险等。

② 社会福利：是指提高社会成员生活水平的各种政策和社会服务，旨在解决社会成员在各个方面的福利待遇问题。

③ 社会救助：是指国家和其他社会主体对于遭受自然灾害、失去劳动能力或者其他低收入公民给予物质帮助或精神救助，以维持其基本生活需求的各种措施。

④ 社会优抚：是指国家和社会对军人及其家属提供的各种优待、抚恤、养老、就业安置等待遇和服务的保障制度。

（2）加快建立健全社会保障体系的意义。

社会保障关系到亿万人民的切身利益，是维护社会公平、促进社会和谐的基本制度，是我国社会事业发展的重要组成部分。加快建立社会保障体系，有利于保障人民的基本生活，有利于保持社会稳定，有利于促进和谐社会建设。

练习题

一、单项选择题

1. 中国共产党的十七大报告中指出：加快和推进以改善民生为重点的社会建设，必须优先发展(　　)。

A. 教育　　B. 经济　　C. 文化　　D. 政治

2. 党的十七大报告指出，强化政府的责任和投入，为群众提供安全、有效、方便、价廉的医疗卫生服务。这就是说(　　)。

A. 要通过政府立法来解决百姓看病难、看病贵这一民生问题

B. 要通过强化政府职能来解决百姓看病难、看病贵这一民生问题

C. 要通过依靠政府服务来解决百姓看病难、看病贵这一民生问题

D. 要通过加大财政支出来解决百姓看病难、看病贵这一民生问题

3. 党的十八大报告把教育放在改善民生和加强社会建设之首，充分体现了党中央对教育事业的高度重视。“学有所教”这个由圣贤孔子提出的美好理想，在报告中被赋予新的内涵。新的内涵包括(　　)。

① 把立德树人作为教育的根本任务；② 要全面实施素质教育；③ 要大力促进教育公平，从而“让每个孩子都能成为有用之才”；④ 推动实现更高质量的就业

A. ①②③　　B. ②④　　C. ①②③④　　D. ②③④

4. 党的十八大报告具体论述了教育、就业、收入、社保、医疗这五个与人民群众关系最直接、最密切的现实问题，强调要(　　)。

①“努力办好人民满意的教育”；②“推动实现更高质量的就业”；③“千方百计增加居民收入”；④“统筹推进城乡社会保障体系建设”；⑤“提高人民健康水平”

A. ①②③　　B. ②④⑤　　C. ①②③④⑤　　D. ②③④

5. 国家建立医疗保险制度的经济意义是(　　)。

①有利于提高人口素质和稳定人民生活；②有利于劳动者更好地享受社会保险的权利；③有利于实现社会公平和共同富裕；④有利于发挥社会保障制度的优越性

A. ②③　　B. ①②　　C. ①②③　　D. ④

6. 关于职业教育的地位，下列表述不正确的是(　　)。

A. 职业教育是普通教育的附属

B. 职业教育是完善我国国民教育体系的必然要求

C. 职业教育是培养高技能人才，推进我国工业化、现代化的迫切需要

D. 职业教育是促进社会就业和解决“三农”问题的重要途径

7. 不属于实现全民医保的制度是(　　)。

A. 居民医保　　B. 职工医保

C. 学校医保　　D. 新型农村合作医疗

8.“保民而王，莫之能御也。……民君制民之产，必使仰足以事父母，俯足以畜妻子……五亩之宅，树之以桑，五十者可以衣帛矣。……百亩之田，勿夺其时，八口之家可以无饥矣。”材料反映的民生观包括(　　)。

①减轻对农民的阶级压迫；②减轻农民的赋役负担；③保证农民有一定的田产；④保证农民的劳动时间

A. ②③④　　B. ①②③　　C. ①②④　　D. ①②③④

9. 2008 年 3 月 5 日，温家宝在十一届全国人大一次会议上做政府工作报告时说，要坚持优先发展教育，要让孩子们上好学，办人民满意的教育，提高全民族的素质。之所以要优先发展教育在于(　　)。

①教育越来越成为提高一个国家创新能力的基础；②教育水平的高低决定着人才培养的数量；③教育最终决定着一个国家和民族的兴衰成败；④教育水平高低决定着人才培养的质量

A. ②③④　　B. ①③④　　C. ①②③④　　D. ①②③

10. 山东省恒台县继 2007 年免除义务教育阶段学生学杂费、秋季国家课程课本费后，目前又提出实施“全免一补”工程，县财政每年拿出 122 万元，用于免除全县义务教育阶段中小学生的作业本费。恒台县的这一做法(　　)。

①是落实优先发展教育、办人民满意的教育的举措；②是实施科教兴国战略的重要举措；③表明了教育是基础，是我们的工作的中心；④有利于全面建成小康社会目标的实现

A. ②③④　　B. ①③④　　C. ①②④　　D. ①②③

11. 我们必须把教育摆在优先发展的战略地位。这是因为(　　)。

①教育是发展科学技术和培养人才的基础；②教育在现代化建设中具有基础性、先导性、全局性的作用；③在我国，教育和科教已成为第一生产力；④教育对社会主义现代化建设具有决定性作用

A. ①②　　B. ②③④　　C. ①③　　D. ①②③④

12. 一个国家发展最重要的资源是(　　)。

A. 石油　　B. 水能　　C. 土地　　D. 人才

13. 中国共产党的十七大报告中提出，要使全体人民学有所教、劳有所得、病有所医、老有所养、住有所居，推动建设和谐社会。上述措施(　　)。

①说明党高度重视民生问题；②是落实科学发展观的体现；③在我国，社会公平已经实现；④将占用更多的建设资金，不利于经济的发展

A. ①③④　　B. ①②④　　C. ①②③　　D. ①②

14. 2008 年 1~2 月，我国南方地区出现了历史罕见的低温雨雪冰冻灾害。面对突如其来的罕见灾害，在党中央、国务院的坚强领导和具体指挥下，各地区广大干部群众顽强拼搏，奋起抗灾；各级领导干部深入一线，现场指挥；共产党员不畏艰险，冲锋在前；人民解放军、武警官兵迅速出动，全力以赴；社会各界同舟共济，全力投入抗灾救灾攻坚战。经过共同努力，抗灾救灾取得了重大胜利。如果将上述事件写成新闻报道，你认为最合适的标题是(　　)。

A. 发展民主，危难之中见真情　　B. 执政为民，发挥领导核心作用

C. 重视民生，众志成城抗冰雪　　D. 科学决策，建立灾害预警机制

15. 党的十七大报告指出，社会建设的重点是(　　)。

A. 改善民生　　B. 人才强国　　C. 发展教育　　D. 扩大就业

16. 社会保障体系的最高层次是(　　)。

A. 社会保障　　B. 社会福利　　C. 社会救助　　D. 优抚安置

17. 在社会保障体系框架中，主要包括社会保险、社会救济、社会福利、社会优抚、社会互助。其中(　　)是社会保障体系的核心部分。

A. 社会保险　　B. 社会福利　　C. 社会优抚　　D. 社会救济

18. 基本医疗卫生制度作为保障全民健康的(　　)，是保证社会公平的重要途径。

A. 社会安全　　B. 社会稳定器　　C. 社会促动器　　D. 社会调剂器

19. 保障社会安全的最后一道防线是(　　)。

A. 社会保险　　B. 社会救助　　C. 社会福利　　D. 社会优抚

20. 社会保障的特殊构成部分是(　　)。

A. 社会保险　　B. 社会救济　　C. 社会福利　　D. 社会优抚

21. 社会保险的主要内容包括养老保险、失业保险、医疗保险、工伤保险等，其对象是(　　)。

A. 全体公民　　B. 全体劳动者　　C. 失业人员　　D. 伤残人员

二、多项选择题

1. 大力发展职业教育，加快培养高技能人才(　　)。
A. 是推进我国工业化、现代化的迫切需要
B. 是促进社会就业的重要途径
C. 是解决“三农”问题的重要途径
D. 是完善现代国民教育体系的必然要求
E. 是建设人力资源强国的必然要求
2. 社会保险主要包括(　　)。
A. 养老保险　　B. 失业保险　　C. 商业保险　　D. 工伤保险
E. 医疗保险
3. 加快建立健全社会保障体系(　　)。
A. 是为了满足人民群众的基本生存需求
B. 是维护社会公平、促进社会和谐的基本制度安排
C. 有利于保持社会稳定
D. 是我国社会事业发展的重要组成部分
E. 是为了保障困难群众的生活
4. 社会保险的特点是(　　)。
A. 强制性　　B. 互济性　　C. 储蓄性　　D. 补偿性
E. 普遍性
5. 为保障人民健康，国家采取了许多重要措施，通过(　　)实现全民医保。
A. 居民医保　　B. 商业保险
C. 职业医保　　D. 新型农村合作医疗
E. 社会保险

三、判断题

1. 教育在经济社会协调发展过程中，具有基础性、先导性、全局性的地位。(　　)。
2. 从2008年秋季开始的全国免费义务教育只是在农村地区免除学杂费。(　　)。
3. 大力发展职业教育能将我国巨大的人口压力转化为人力资源优势。(　　)
4. 我国的职业教育由于起步晚，还有很多不成熟的地方，所以在我国社会经济发展中起的作用不大。(　　)。
5. 党的十七大报告首次把民生问题单列篇章阐述。(　　)。
6. 职业教育是衡量我国教育现代化的重要标志之一，是我国经济社会发展的基础，也是综合国力的重要组成部分。(　　)
7. “小病忍、大病挨、重病才往医院抬”，“救护车一响，一头猪白养”，这是过去农民“看病难”的形象说法。(　　)
8. 我国城市建立的居民最低生活保障制度属于社会福利。(　　)

三、简答题

1.“优先发展教育，办人民满意的教育”的重要意义是什么？

2. 大力发展职业教育的意义是什么？

3. 加快建立社会保障体系的意义是什么？

任务二　建设和谐文化

知识目标

（1）了解：不同性质文化的不同作用、社会主义核心价值体系的基本内容。

（2）理解：建设和谐文化、培育文明风尚的意义、建设社会主义核心价值体系的意义。

（3）运用：从自己做起、从自身做起，自觉投身于社会主义和谐社会建设，以实际行动化解、消除不利于社会和谐的因素。

能力目标

（1）通过学习，培养学生理论联系实际的能力、投身建设和谐社会的能力。

（2）辨析身边的文化现象，认识不同性质文化的不同作用。

情感、态度与价值观目标

从实际出发，认同构建社会主义和谐社会的总要求，树立对待各种文化的正确态度。

教学重点、难点

1. 社会主义核心价值体系的基本内容。
2. 建设社会主义核心价值体系的意义。

【考核建议】

1. 考核知识点：文化的多样性

建议考核形式：判断题。

2. 考核知识点：建设和谐文化

建议考核形式：选择题、情境分析题。

3. 考核知识点：社会主义核心价值体系的基本内容

建议考核形式：选择题、判断题。

4. 考核知识点：培育和践行社会主义核心价值观的意义

建议考核形式：判断题、情境分析题。

【知识梳理】

一、文化的多样性(了解)

1. 文化的定义

（1）广义：文化是指人类在社会历史发展过程中所创造的物质财富和精神财富的总和。特指社会意识形态。在阶级社会中，文化是阶级斗争的武器。一定文化(当作观念形态的文化)是一定社会的政治和经济的反映，又给予伟大影响和作用于一定社会的政治和经济。

（2）狭义：文化指意识形态所创造的精神财富，包括宗教、信仰、风俗习惯、道德情操、学术思想、文学艺术、科学技术、各种制度等。

2. 文化的多样性

（1）不同文化的社会本质和社会作用有着根本的区别：文化既有先进的、也有落后的，还有腐朽反动、低俗的文化。先进文化是人类进步的结晶，是推动人类社会前进的精神动力，在社会发展中发挥着启迪思想、陶冶情操、传授知识、鼓舞人心的积极作用。愚昧、低俗的文化则会麻醉人的正常思维，侵蚀人的文明道德观和健康思想；麻醉人的意志，把人引上歧路，使人做出有悖于常态、害人害己的事，最终走上与社会发展的要求相悖、甚至是违法犯罪的道路。

（2）如何看待不同的文化：

① 对待不同地区、不同国家文化：要以平等的态度、开放的胸襟去尊重、学习其他民族的文化。

② 对待不同性质的文化：要弘扬先进文化，抵制低俗文化、腐朽文化。

二、建设和谐文化(理解、践行)

（1）建设和谐文化：我国新时期的和谐文化，是以社会主义意识形态为核心，以社会主义核心价值体系为根本，以崇尚和谐、追求和谐为价值取向的思想文化，是中国特色社会主义文化的重要组成部分。

（2）建设和谐文化、培育文明风尚具有十分重要的意义：

首先，建设和谐文化，是建设和谐社会的需要。

其次，建设和谐文化，是建设和谐世界的需要。

最后，建设和谐文化，是促进人的心理和谐的需要。

（3）如何建设我们的和谐文化：

① 要大力弘扬爱国主义、集体主义、社会主义思想，以增强诚信意识为重点。

② 要加强社会公德、职业道德、家庭美德、个人品德建设，发挥道德模范榜样作用，引导人们自觉履行法定义务、社会责任、家庭责任。

③ 要深入开展群众性精神文明创建活动，完善社会志愿服务体系，形成男女平等、尊老爱幼、互爱互助、见义勇为的社会风尚。

三、社会主义核心价值体系的基本内容(了解)

(1) 社会主义核心价值体系的基本内容:

① 马克思主义指导思想,是社会主义核心价值体系的灵魂。

② 中国特色社会主义共同理想,是社会主义核心价值体系的主题。

③ 民族精神和时代精神,是社会主义核心价值体系的精髓。

④ 社会主义荣辱观,是社会主义核心价值体系的基础。

"八荣八耻"

以热爱祖国为荣,以危害祖国为耻;
以服务人民为荣,以背离人民为耻;
以崇尚科学为荣,以愚昧无知为耻;
以辛勤劳动为荣,以好逸恶劳为耻;
以团结互助为荣,以损人利己为耻;
以诚实守信为荣,以见利忘义为耻;
以遵纪守法为荣,以违法乱纪为耻;
以艰苦奋斗为荣,以骄奢淫逸为耻。

(2) 社会主义核心价值体系的基本内容的关系:相互联系、不可分割、科学严谨、完整系统,构成了一个有机统一的整体。

四、培育和践行社会主义核心价值观的意义(理解、养成、践行)

(1) 培育和践行社会主义核心价值观的意义:

① 核心价值体系是一个社会的方向盘,是一个国家的稳定器。

② 社会主义核心价值体系是鼓舞人民奋发向上的精神动力,是凝聚人民团结和睦的精神纽带。

③ 建设社会主义核心价值体系是构建和谐社会的重要内容,是改革开放和现代化建设朝着正确方向发展的有力保证。

④ 如果没有核心价值体系,社会就会失去前进的方向,失去共同的思想道德基础,就会导致人心涣散、社会混乱。

(2) 培育和践行社会主义核心价值体系的要求:树立坚定的理想信念、陶冶高尚的道德情操、保持昂扬的精神状态、立足本职岗位、自觉担负起时代赋予的崇高使命。人人建设、人人体现、人人践行。

练 习 题

一、单项选择题

1. 建设和谐文化是建设社会主义和谐社会的主要任务,(　　)是建设和谐文化的根本,是社会主义意识形态的本质体现。

A. 公平正义理念　　B. 四项基本原则
C. 社会主义荣辱观　　D. 社会主义核心价值体系

2. 党的十八大提出，党要坚持解放思想、改革创新，坚持党要管党、从严治党，全面加强党的思想建设、组织建设、作风建设、(　　)、制度建设，增强自我净化、自我完善、自我革新、自我提高的能力，建设学习型、服务型、创新型的马克思主义执政党。

A. 民主建设　　B. 纪律建设　　C. 反腐倡廉建设　　D. 法制建设

3. 置身于文化市场，我们看到：宣传广告五颜六色，各种图书报刊异彩缤纷，网吧聊天室生意火爆，电视节目丰富多彩……这表明(　　)。

A. 社会生活纷繁复杂　　B. 政治生活丰富多彩
C. 经济生活复杂多样　　D. 文化生活丰富多彩

4. 春节是中华民族的传统节日，我国是一个多民族的国家，不同民族过年的风俗有所不同，这体现了(　　)。

A. 民族文化具有多姿多彩的魅力　　B. 民族文化的多样性
C. 民族文化充满了生机　　D. 世界文化的多样性

5. 春节联欢晚会节目丰富多彩，有歌舞、相声、戏曲、魔术、小品、杂技、武术等，从不同角度满足人民多样化的文化需求。这从一个侧面反映出人们的文化需求日益呈现出(　　)的特点。

A. 差异性、多元化、时尚化　　B. 求异性、多样化、丰富性
C. 民族性、统一性、生活化　　D. 多层化、多样化、多方面

6. “崇尚时尚就是崇尚新文化。”这一观点(　　)。

A. 正确。因为崇尚文化与崇尚时尚是完全一致的
B. 错误。因为时尚的东西不一定就是新文化
C. 正确。因为新文化总是比较时尚的东西
D. 错误。因为新文化不可能是时尚的东西

7. 费孝通说：“各美其美，美人之美，美美与共，天下大同。”各美其美，是指每个民族都要发展自己民族的文化。“美人之美”是指(　　)。

A. 要夸奖其他民族的文化
B. 尊重其他民族的文化
C. 各民族的文化都是世界文化中不可缺少的色彩
D. 民族文化具有多样性

8. 世界上任何国家，无论大小、强弱，无论其社会制度、经济发展水平如何，其民族文化都应受到尊重，都有平等发展的权利。世界上各个民族都有其独特的文化和传统，都有权利讲述自己的故事。这体现了在国际文化事务中必须遵循的原则是(　　)。

A. 各国文化差异性的原则　　B. 各国文化一律平等的原则
C. 各国文化相互交融的原则　　D. 各国文化独立发展的原则

9. 目前，世界上有许多发达国家和发展中国家的学校都开设了汉语课程，一些国家还聘请汉语教师志愿者承担汉语教学工作。从文化的角度看，这样做(　　)。

①有利于中华文化的传播；②有利于不同文化之间的交流；③有利于把其他国家的文

化融合到中国文化之中；④有利于取长补短，实现文化的创新

A. ①②③④　　B. ①②④　　C. ①④　　D. ①③

10. 社会主义市场经济的发展，使文化市场呈现出前所未有的斑斓色彩，人们在文化生活中(　　)。

A. 得到精神的陶冶　　B. 受到消极的影响

C. 面对着多种选择　　D. 感到无所适从

11. 腐朽文化的危害性主要是(　　)。

①腐蚀人们的精神世界；②侵蚀民族精神；③阻碍先进生产力发展；④危害社会主义事业

A. ①②③　　B. ②③④　　C. ①②④　　D. ①②③④

12. 中华民族精神的重要作用体现在(　　)。

①始终是维系中华民族各族人民共同生活的精神纽带；②是支撑中华民族生存、发展的精神支柱；③坚持以爱国主义为核心；④是推动中华民族走向繁荣、强大精神动力

A. ①②③　　B. ②③④　　C. ①②④　　D. ①③④

13. 在新的历史条件下，我们要大力培养和弘扬民族精神。这主要是因为(　　)。

A. 民族精神不具有时代性，任何时代都不会过时

B. 爱国主义不是具体的，而是抽象的

C. 一个民族，没有民族精神，难以自立于世界民族之林

D. 民族精神是一个国家综合国力的决定因素

14. 鲁迅说："唯有民魂是值得宝贵的，唯有他发扬起来，中国才有真进步。"这段话告诉我们(　　)。

A. 民族精神是一个民族独有的精神特质

B. 民族精神是民族文化结晶

C. 民族精神是民族之间相互区别的重要特征

D. 民族精神是民族生存和发展的强大动力

15. 全国道德模范全二平是巴彦淖尔市乌拉特前旗邮政局小佘太珍邮政所所长兼乡邮员。2007 年 11 月 11 日，当选为唯一一个代表 13 亿中国人赴希腊雅典奥林匹克城传递奥运圣火的国际火炬手，并作为全国道德模范代表在 2008 年春节联欢晚会上向全国人民拜年。以下说法正确的是(　　)。

A. 道德模范是我们民族宝贵的精神财富

B. 让中华美德走出国门，走向世界

C. 学习道德模范是世界人民义不容辞的责任

D. 道德可以替代法律

16. "民为邦本，本固邦宁。"我们党是立党为公、执政为民的马克思主义执政党。为人民服务，是社会主义道德建设的核心所在，我们要树立(　　)的荣辱观。

A. 以热爱和平为荣 、以挑拨离间为耻

B. 以热爱公益为荣、以背信弃义为耻

C. 以服务人民为荣、以背离人民为耻

D. 以热爱民族为荣、以危害民族为耻

17. 科学的进步是社会的巨大源泉，一个国家的现代化，首先必然是科学技术的现代化。一个崇尚科学的民族，必然是一个不断进步的、充满生机和活力的民族，我们应该树立(　　)的荣辱观。

A. 以好学上进为荣、以不学无术为耻

B. 以崇尚科学为荣、以愚昧无知为耻

C. 以开拓创新为荣、以因循守旧为耻

D. 以勤奋学习为荣、以好吃懒做为耻

18. 第一次提出"推动社会主义文化大发展大繁荣""兴起社会主义文化建设新高潮"的战略任务和根本要求是在(　　)会议上。

A. 中共十五大　　B. 中共十六大

C. 中共十七大　　D. 中共十七届三中全会

19. 我国新时期和谐文化的核心与根本分别是(　　)。

A. 社会主义核心价值体系和社会主义意识形态

B. 社会主义意识形态和社会主义核心价值体系

C. 社会主义意识形态和以崇尚和谐、追求和谐为价值取向的思想文化

D. 社会主义核心价值体系和以崇尚和谐、追求和谐为价值取向的思想文化

20. 中国特色社会主义文化建设的根本是(　　)。

A. 在全社会形成共同理想和精神支柱　　B. 发展教育和科学

C. 营造良好的文化环境　　D. 深化文化体制改革

21. 社会主义文化建设的根本任务是(　　)。

A. 提高整个中华民族的思想道德素质和科学文化素质

B. 促进社会主义物质文明建设

C. 促进我国综合国力的提高

D. 提高社会主义生活质量

22. 发展中国特色社会主义先进文化的重要内容和中心环节是(　　)。

A. 弘扬和培育民族精神　　B. 加强社会主义思想道德建设

C. 大力发展教育事业　　D. 实施科教兴国战略

23. 建设社会主义核心价值体系，最根本的是(　　)。

A. 树立社会主义荣辱观　　B. 弘扬改革创新的时代精神

C. 坚持马克思主义的指导地位　　D. 加强教育、科学、文化建设

24. 对中国共产党人来说，最高理想是(　　)。

A. 实现社会主义　　B. 实现共产主义

C. 实现中华民族的伟大复兴　　D. 实现大同社会

25. 有的人把艰苦奋斗视为"保守"，把骄奢淫逸称为"荣耀"，这是(　　)。

A. 时代的要求和社会进步的表现　　B. 因为艰苦奋斗精神已经过时了

C. 缺乏社会主义荣辱观的表现　　D. 崇尚社会主义精神文明的行为

二、多项选择题

1. 我国新时期的和谐文化是(　　)。

A. 以社会主义意识形态为核心

B. 以社会主义核心价值体系为根本

C. 以崇尚和谐、追求和谐为价值取向

D. 以诚实守信为荣、以见利忘义为耻

E. 以热爱祖国为荣、以危害祖国为耻

2. 社会主义核心价值体系的基本内容包括(　　)。

A. 马克思主义指导思想　　B. 中国特色社会主义共同理想

C. 以爱国主义为核心的民族精神　　D. 以改革创新为核心的时代精神

E. 社会主义荣辱观

3. 建设和谐文化、培养文明风尚是(　　)。

A. 建设和谐社会的需要　　B. 建设和谐世界的需要

C. 促进人的心理和谐的需要　　D. 提高国家文化软实力的需要

E. 促进人的全面发展的需要

4. 建设和谐文化(　　)。

A. 要大力弘扬爱国主义、集体主义、社会主义思想

B. 要加强社会公德、职业道德、家庭美德、个人品德建设

C. 要深入开展群众性的精神文明创建活动

D. 要完善社会志愿服务体系

E. 要形成尊老爱幼、互爱互利、见义勇为的社会风尚

5. 社会主义核心价值体系以(　　)。

A. 马克思主义指导思想为灵魂　　B. 民族精神和时代精神为精髓

C. 社会主义荣辱观为基础　　D. 科学发展观为指导

E. 中国特色社会主义共同理想为主题

6. 2011 年 10 月 18 日党的十七届六中全会通过了《中共中央关于深化文化体制改革、推动社会主义文化大发展大繁荣若干重大问题的决定》,《决定》要求,必须“全面贯彻‘二为’方向和‘双百’方针,为人民提供更好更多的精神食粮”。这里的“二为”是指(　　)。

A. 为人民服务　　B. 为社会主义现代化建设服务

C. 为社会主义服务　　D. 为改革开放服务

三、判断题

1. 繁荣发展社会主义先进文化、树立民族自信、振奋民族精神,必将为实现全面建设小康社会宏伟目标、构建社会主义和谐社会提供思想保证和精神动力。(　　)

2. 发展文化坚持把经济效益放在首位,实现社会效益和经济效益的统一,最大限度地发挥文化引导社会、教育人民的功能。(　　)

3. 建设和谐文化,是构建社会主义和谐社会的一项基础性工程。(　　)

4. 一个社会的和谐在本质上体现为一种和谐的文化精神。(　　)
5. 建设社会主义核心价值体系，是构建社会主义和谐社会的重要任务。(　　)
6. 社会主义荣辱观是社会主义核心价值体系的主题。(　　)
7. 社会主义荣辱观反映了提高中华民族整体素质的根本要求。(　　)
8. 诚实守信的诚实就是忠诚老实，不讲谎话。(　　)

四、简答题

1. 社会主义核心价值体系的基本内容是什么?

2. 中职生应该如何培育和践行社会主义核心价值观?

3. 如何建设和谐文化?

任务三　构建和谐社会

认知目标

（1）了解：中国特色社会主义事业的总体布局和社会主义和谐社会建设的总要求。

（2）理解：高举中国特色社会主义伟大旗帜的重要意义、科学发展观的内涵和精神实质。

（3）运用：从自身做起，自觉投身于社会主义和谐社会建设，以实际行动化解、消除不利于社会和谐的因素。

能力目标

（1）通过学习，培养学生理论联系实际的能力、投身建设和谐社会的能力。

（2）提高应对竞争和挑战的能力。

情感、态度与价值观目标

从实际出发，认同构建社会主义和谐社会的总要求，懂得必须以科学发展观统领经济社会发展全局，自觉投身于社会主义和谐社会建设。

教学重点、难点

（1）科学发展观的内涵和实质。

（2）必须以科学发展观统领经济社会发展全局。

【考核建议】

1. 考核知识点：高举中国特色社会主义伟大旗帜的重要意义

建议考核形式：判断题。

2. 考核知识点：科学发展观的科学内涵和精神实质

建议考核形式：选择题、辨析题。

3. 考核知识点：社会主义和谐社会建设的总要求

建议考核形式：判断题。

4. 考核知识点：投身社会主义和谐社会建设

建议考核形式：选择题、判断题。

【知识梳理】

一、高举中国特色社会主义伟大旗帜的重要意义(理解)

1. 中国特色社会主义道路

中国特色社会主义道路，就是在中国共产党领导下，立足基本国情，以经济建设为中心，坚持四项基本原则，坚持改革开放，解放和发展社会生产力，巩固和完善社会主义制度，建设社会主义市场经济、社会主义民主政治、社会主义先进文化、社会主义和谐社会，建设富强民主、文明和谐的社会主义现代化国家。

2. "四位一体"总体布局

(1) 含义：中国特色社会主义事业的总体布局是指社会主义经济建设、政治建设、文化建设、社会建设四位一体发展。

(2) 地位："四位一体"的总体布局是科学发展观的内在要求和具体体现。它把以改善民生为重点的社会建设摆在一个突出的位置，体现了以人为本的核心理念；它坚持经济建设、政治建设、文化建设、社会建设的全面协调发展，是真正可持续的发展。

3. 高举中国特色社会主义伟大旗帜的意义

(1) 中国特色社会主义伟大旗帜，是当代中国发展进步的旗帜，是全党全国各族人民团结奋斗的旗帜。在当代中国，只有中国特色社会主义旗帜能够最大限度地团结和凝聚全国各族人民的智慧和力量。高举中国特色社会主义伟大旗帜不动摇，是集我国社会主义建设70年的历史经验、特别是改革开放40多年的基本经验而得出的根本结论，是进一步开创党和国家事业发展新局面的根本保证。

(2)中国特色社会主义理论体系是包括邓小平理论、"三个代表"重要思想、科学发展和习近平新时代中国特色社会主义思想在内的科学理论体系。这个理论体系，坚持和发展了马克思列宁主义、毛泽东思想，凝结了几代中国共产党人带领全国人民不懈探索实践的智慧和心血，是马克思主义中国化最新成果，是党最可宝贵的政治和精神财富，是全国各族人民团结奋斗的共同思想基础。

2019年，中共中央发出关于印发《习近平新时代中国特色社会主义思想学习纲要》的通知。通知中指出：

党的十九大把习近平新时代中国特色社会主义思想确立为党必须长期坚持的指导思想并写入党章，十三届全国人大一次会议通过的宪法修正案把习近平新时代中国特色社会主义思想载入宪法，实现了党和国家指导思想的与时俱进。习近平新时代中国特色社会主义思想，是对马克思列宁主义、毛泽东思想、邓小平理论、"三个代表"重要思想、科学发展观的继承和发展，是马克思主义中国化最新成果，是党和人民实践经验和集体智慧的结晶，是中国特色社会主义理论体系的重要组成部分，是全党全国人民为实现中华民族伟大复兴而奋斗的行动指南，必须长期坚持并不断发展。

4.“五位一体”的新布局

中国共产党的十八届五中全会及其通过的(建议)提出了全面建成小康社会的新目标，首次提出创新、协调、绿色、开放、共享五大发展理念，为中国“十三五”乃至更长时期的发展描绘出新蓝图。

“五位一体”全面小康，是指经济、政治、文化、生态、全面小康。“五位一体”的发展正汇聚成百姓全方位的幸福感。它明确了当前和今后一段时期，常和国家各项工作的关键环节、重点领域和主攻方向，既有战略目标又有战略举措，既统揽全局又突出重点。

“五位一体”的新布局是在科学发展观指导下产生的，更加强调均衡、可持续和以人为本的发展。许耀桐指出，在现代化布局方面，报告创造性地提出了“五位一体”，大大丰富了“现代化”的理论体系。以往的提法主要是“经济现代化”，十六大报告提的是“三位一体”(经济建设、政治建设、文化建设)，到了十七大提出了“四位一体”(经济建设、政治建设、文化建设和社会建设)，这次进一步拓展到“五位一体”(经济建设、政治建设、文化建设、社会建设、生态文明建设)。这个总体布局意味着中国进入二十一世纪后，从局部现代化到全面现代化，从不大协调到现代化到全面协调的现代化。

把握五位一体总布局，必须全面贯彻落实十八大相关部署。在经济建设方面，要加快完善社会主义市场经济体制，加快转变经济发展方式，不断增强发展后劲，促进工业化、信息化、城镇化和农业现代化同步发展。在政治建设方面，要坚持走中国特色社会主义政治发展道路，坚持党的领导、人民当家作主、依法治国有机统一，加快建设社会主义法治国家，建立健全权力运行约束和监督体系，让权力在阳光下运行。在文化建设方面，要加强社会主义核心价值体系建设，全面提高公民道德素质，丰富人民精神文化生活，增强文化整体实力和竞争力，建设社会主义文化强国。在社会建设方面，要以保障和改善民生为重点，多谋民生之利，多解民生之忧，加快健全基本公共服务体系，加强和创新社会管理，推动和谐社会建设。在生态文明建设方面，加大自然生态系统和环境保护力度，加强生态文明制度建设，努力实现绿色发展，努力建设美丽中国。

把握“五位一体”总布局，必须自觉运用科学发展观指导思想、习近平系列讲话指导实践。五位一体总布局体现了科学发展观的深刻内涵，是当代中国促进人的全面发展的必然要求。要坚持以人为本的核心立场、全面协调可持续的基本要求和统筹兼顾的根本方法，始终把实现好、维护好、发展好最广大人民根本利益作为工作出发点和落脚点，从现代化建设全局的高度积极应对新矛盾、新问题，处理好当前与长远、局部与全局的关系，统筹城乡发展、区域发展、经济社会发展、人与自然和谐发展、国内发展和对外开放，努力促进生产关系与生产力、上层建筑与经济基础相协调，不断开拓生产发展、生活富裕、生态良好的文明发展道路。

二、科学发展观的科学内涵和精神实质(理解、养成、分析、践行)

1. 科学发展观的科学内涵

科学发展观，第一要义是发展，核心是以人为本，基本要求是全面协调可持续，根本方法是统筹兼顾。

2. 科学发展观的精神实质

(1) 必须坚持把发展作为党执政兴国的第一要义。要牢牢抓住经济建设这个中心，坚持聚精会神搞建设、一心一意谋发展，不断解放和发展社会生产力。

(2) 必须坚持以人为本。要始终把实现好、维护好、发展好最广大人民的根本利益作为党和国家一切工作的出发点和落脚点，尊重人民主体地位，发挥人民首创精神，保障人民各项权益，走共同富裕道路，促进人的全面发展，做到发展为了人民、发展依靠人民、发展成果由人民共享。

(3) 必须坚持全面协调可持续发展。要按照中国特色社会主义事业总体布局，全面推进经济建设、政治建设、文化建设、社会建设，促进现代化建设各个环节、各个方面相协调，促进生产关系与生产力、上层建筑与经济基础相协调。坚持生产发展、生活富裕、生态良好的文明发展道路，建设资源节约型、环境友好型社会，实现速度结构与质量效益相统一、经济发展与人口资源环境相协调。

(4) 必须坚持统筹兼顾。要正确认识和妥善处理中国特色社会主义事业中的重大关系，统筹城乡发展、区域发展、经济社会发展、人与自然和谐发展、国内发展和对外开放；统筹中央和地方关系；统筹个人利益和集体利益、局部利益和整体利益、当前利益和长远利益，充分调动各方面积极性；统筹国内、国际两个大局。

三、社会主义和谐社会建设的总要求(了解)

1. 和谐社会建设的总要求

民主法治、公平正义、诚信友爱、充满活力、安定有序、人与自然和谐相处。

2. 社会和谐的重要性

社会和谐是中国特色社会主义的本质属性，是国家富强、民族振兴、人民幸福的重要保证。

3. 构建社会主义和谐社会的重大战略意义

构建社会主义和谐社会，是我们党以马克思列宁主义、毛泽东思想、邓小平理论和“三个代表”重要思想、科学发展观、习近平新时代中国特色社会主义思想为指导，从中国特色社会主义事业总体布局和全面建成小康社会全局出发提出的重大战略任务，反映了建设富强、民主、文明和谐的社会主义现代化国家的内在要求，体现了全党和全国各族人民的共同愿望。

四、投身社会主义和谐社会建设(理解、养成、践行)

1. 和谐社会建设

构建和谐社会，人人有责。参与和谐社会建设，需要每一个社会成员都承担起自己的职业角色和社会角色，尽职尽责，搞好自己的学习和工作。做到人人有行动、人人有贡献、从身边事做起、从小事做起。

2. 投身社会主义和谐社会建设

首先，认清社会发展的方向。当今社会，既需要有高学历的科研人员、专业技术人才，又需要大量高技能劳动者。

其次，要在社会生活中，自觉地将个人情感上升为理性行为。以理性合法的形式表达自己的意见，以冷静理智的态度对待各种矛盾，从大局出发维护国家和民族的根本利益。

第三，需要每一个社会成员具有法律意识和诚信意识，勇于奉献、勇于承担社会责任和使命。

练　习　题

一、单项选择题

1. 在当代中国，坚持(　　)就是真正坚持社会主义。

A. 中国特色社会主义道路　　B. 社会主义核心价值体系

C. 解放思想，实事求是，与时俱进　　D. 改革开放

2. (　　)伟大旗帜，是当代中国发展进步的旗帜，是全党全国各族人民团结奋斗的旗帜。

A. 中国特色社会主义　　B. 共产主义

C. 中国现代化　　D. 社会主义

3. 科学发展观，是同(　　)既一脉相承又与时俱进的科学理论。

A. 毛泽东思想、邓小平理论和“三个代表”的重要思想

B. 马克思列宁主义、毛泽东思想、邓小平理论和“三个代表”重要思想

C. 马克思列宁主义、毛泽东思想

D. 中国特色社会主义理论体系

4. 党的十七大报告指出：科学发展观，是(　　)提出来的。

A. 立足于实现共产主义　　B. 主要根据社会主义理论基础

C. 未借鉴国外发展经验　　D. 适应新的发展要求

5. 十七大报告指出，对待城乡、区域发展不平衡问题的态度应该是(　　)。

A. 扩大城乡、区域发展差距　　B. 缩小城乡、区域发展差距

C. 任其自由发展　　D. 限制二者的发展

6. 坚持以人为本，要做到发展为了人民、发展依靠人民、(　　)。

A. 发展成果由统治阶级享受　　B. 发展成果由人民共享

C. 发展成果由贡献大的人群分享　　D. 发展成果由全体劳动者共享

7. 科学发展观的基本要求是(　　)。

A. 以经济建设为中心　　B. 实施科教兴国战略

C. 全面协调可持续　　D. 保护环境协调发展

8. 科学发展观的第一要义是(　　)。

A. 改革　　B. 环保　　C. 发展　　D. 节能

9. 科学发展观的核心是(　　)。

A. 发展　　B. 以人为本

C. 执政为民　　D. 全面协调可持续

10. 按照科学发展观的基本要求，实现经济发展与资源环境相协调，必须建设(　　)社会。

A. 社会主义和谐　　B. 资源节约型 、环境友好型

C. 小康　　D. 中国特色社会主义

11. 科学发展观的根本方法是(　　)。

A. 统筹兼顾　　B. 发展

C. 全面协调可持续　　D. 以人为本

12. 科学发展观的实质是(　　)。

A. 促进人与自然和谐发展　　B. 早日实现社会主义现代化

C. 坚持党的基本路线　　D. 实现经济社会又好又快发展

13. 和谐社会的基本特征有(　　)。

①民主法治；②公平正义；③诚信友爱；④充满活力；⑤安定有序；⑥人与自然和谐相处

A. ①④⑤⑥　　B. ①②③⑥

C. ③④⑤⑥　　D. ①②③④⑤⑥

14. 中国要全力构建社会主义和谐社会，必须以(　　)为指导。

A. 党的基本路线

B. 邓小平理论、“三个代表”的重要思想、科学发展观

C. 宪法

D. 初级阶段的理论

15. 2007 年 9 月，温家宝在辽宁省就大连经济社会发展问题进行调研时说：“夏季达沃斯之所以选择在大连举行，一个重要原因就是因为这里环境好。一千多位重要的外国客人来大连，不仅要看企业，还要看蓝天白云，看大连的环境、节能和可持续发展。”温总理的话启示我们必须(　　)。

①实施可持续发展战略；②坚持以人为本，全面、协调可持续的科学发展观；③坚持保护环境与合理利用资源的基本国策；④努力构建资源节约型、环境友好型社会

A. ①②③④　　B. ②④　　C. ①③　　D. ①②③

16. 深刻阐述社会主义和谐社会的性质、定位，对构建社会主义和谐社会作出重大战略部署的是(　　)。

A.《正确处理社会主义现代化建设中的若干重大关系》

B.《中共中央关于加强党的执政能力建设的决定》

C.《中共中央关于构建社会主义和谐社会若干重大问题的决定》

D.《中华人民共和国国民经济和谐社会发展第十一个五年规划纲要》

17. 中国特色社会主义的本质属性是(　　)。

A. 现代化　　B. 社会和谐　　C. 按劳分配　　D. 公有制

18. 构建社会主义和谐社会关键在(　　)。

A. 发展　　B. 协调利益关系　　C. 中国共产党　　D. 民生状况改善

19. 构建社会主义和谐社会的根本出发点和落脚点是(　　)。

A. 坚持科学发展观

B. 以人为本

C. 发展民主

D. 坚持对外开放

20. (　　)是建设和谐文化的根本。

A. 社会主义荣辱观　　B. 集体主义

C. 社会主义核心价值体系　　D. 全心全意为人民服务

21. 构建社会主义和谐社会是(　　)。

A. 贯穿于中国特色社会主义全过程的长期任务

B. 全面建成小康社会的短期任务

C. 与全面建成小康社会无关的另一项重大战略任务

D. 与历史上的和谐社会一致

22. 社会和谐首先是(　　)。

A. 加强党的建设　B. 要发展　　C. 协调利益关系　　D. 坚持以人为本

23. 社会主义和谐社会是民主法治、公平正义、诚信友爱、充满活力、安定有序、人与自然和谐相处的社会，这是(　　)阐述的。

A.《中共中央关于构建社会主义和谐社会若干重大问题的决定》

B. 2005年胡锦涛在中央党校省部级主要领导干部提高构建社会主义和谐社会能力专题研讨班上的讲话

C.《正确处理社会主义现代化建设中的若干重大关系》

D.《中华人民共和国国民经济和社会发展第十一个五年规划纲要》

24. 社会主义和谐社会是(　　)。

A. “田园牧歌”式的和谐社会　　B. “乌托邦”式的和谐社会

C. 社会主义性质的和谐社会　　D. 现代资本主义式的“福利社会”

25. “代替那存在着阶级和阶级对立的资产阶级旧社会的，将是这样一个联合体，在那里，每个人的自由发展是一切人自由发展的条件。”这是(　　)对未来美好社会的设想。

A. 马克思、恩格斯　　B. 毛泽东、周恩来

C. 邓小平、江泽民　　D. 胡锦涛

26. (　　)是社会和谐的基本条件。

A. 发展　　B. 公平正义　　C. 社会活力　　D. 社会安定有序

27. 党的(　　)第一次提出社会主义和谐社会的概念。

A. 十六大　　B. 十六届三中全会

C. 十六届四中全会　　D. 十六届六中全会

28. 社会公平正义是社会和谐的基本条件，而(　　)是社会公平正义的根本保证。

A. 发展　　B. 中国共产党　　C. 制度　　D. 秩序

二、多项选择题

1. 中国特色社会主义事业的总体布局五位一体的内容是(　　)。

①经济建设；②政治建设；③文化建设；④思想建设；⑤社会建设；⑥生态文明建设

A. ①②③④⑤　　B. ①②④⑥　　C. ①②③⑤⑥　　D. ①②③④⑥

2. 2005 年 2 月 19 日，胡锦涛“在省部级主要领导干部提高构建社会主义和谐社会能力专题研讨班上”的讲话指出，我们所要建设的社会主义和谐社会，应该是民主法治、公平正义、诚实友爱、充满活力、安定有序、人与自然和谐相处的社会。因此我们必须(　　)。

A. 积极实施依法治国方略　　B. 大力加强诚信教育

C. 全面落实科学发展观　　D. 加强社会主义精神文明建设

E. 大力提高公民的科学文化素质

3. 和谐社会应该是(　　)的社会。

A. 民主法治　　B. 公平正义

C. 诚信友爱　　D. 人与自然和谐相处

E. 安定有序

4. 贯彻落实科学发展观的基本要求，必须坚持统筹兼顾，要(　　)。

A. 统筹城乡发展　　B. 统筹区域发展

C. 统筹经济社会发展　　D. 统筹人与自然和谐发展

E. 统筹国内发展与对外开放

5. 构建社会主义和谐社会需要遵循的几个重要原则是必须坚持以人为本、坚持科学发展观、坚持(　　)。

A. 改革开放　　B. 民主法治

C. 正确处理改革发展稳定的关系　　D. 依法执政

E. 在党的领导下全社会共同建设

6. 实现社会和谐是(　　)。

A. 人类孜孜以求的社会理想　　B. 中国共产党不懈追求的社会思想

C. 古代中国人的社会理想　　D. 只是马克思主义政党的社会思想

7. 空想社会主义对和谐社会构想的著述有(　　)。

A.《全世界和谐》　　B.《太阳城》

C.《乌托邦》　　D.《和谐与自由的保证》

8. 一般地讲，和谐社会是(　　)。

A. 人与自然之间的和谐统一与协调发展

B. 人与人之间的和谐统一与协调发展

C. 人与社会之间的和谐统一与协调发展

D. 自然界的和谐统一与协调发展

9. 社会主义和谐社会包括(　　)。
A. 经济、政治、文化及社会的总体上的和谐
B. 人与自然的和谐
C. 与经济、政治、文化相对的社会的和谐
D. 存在不和谐因素的和谐
10. 社会主义和谐社会是(　　)。
A. 在和谐与不和谐的矛盾统一中发展的社会
B. 包含着不和谐因素及消极因素的和谐社会
C. 绝对的至善社会
D. 相对的、包含着矛盾与差别的和谐社会
11. 社会主义和谐社会坚持以(　　)为指导。
A. 马克思列宁主义　　B. 毛泽东思想、邓小平理论
C. "三个代表"重要思想　　D. 科学发展观
12. 对构建社会主义和谐社会的正确认识是(　　)。
A. 中国特色社会主义事业的有机组成部分
B. 全面建成小康社会的重大战略举措
C. 关系到巩固党的执政基础、实现党执政的历史任务
D. 是实现中国现代化的近期目标，也是中国特色社会主义建设的长远目标
13. 建成社会主义和谐社会任重而道远，这是因为(　　)。
A. 我国将长期处于社会主义初级阶段
B. 我国的社会主义现代化建设要经历一个很长的历史过程
C. 我国的生产力水平低
D. 我国的教育科技文化水平不高
14. 构建社会主义和谐社会具有重要的理论意义，(　　)。
A. 是对马克思主义关于社会主义社会建设理论的丰富和发展
B. 丰富和发展了中国特色社会主义理论
C. 是党执政理念的升华
D. 把促进经济社会的发展与促进人的全面发展统一起来
15. 构建社会主义和谐社会是党对(　　)规律认识的深化。
A. 共产党的执政　B. 社会主义建设　C. 人类社会发展　D. 价值
16. 构建社会主义和谐社会与全面建成小康社会的关系在于(　　)。
A. 构建社会主义和谐社会是全面建成小康社会的重大现实课题
B. 二者相互包含、相辅相成
C. 构建社会主义和谐社会是全面建成小康社会的重要内容和条件
D. 二者统一于中国特色社会主义建设实践中
17. 中国社会主义现代化建设的总体布局是由(　　)构成的。
A. 物质文明　B. 政治文明　C. 精神文明　D. 社会和谐

18. 构建社会主义和谐社会必须遵循的原则是(　　)。

A. 贯彻以人为本的科学发展观

B. 坚持改革开放，并处理好改革发展和稳定的关系

C. 坚持民主政治

D. 坚持党的领导下全社会共同建设

19. 社会主义和谐社会的总体特征和要求是(　　)。

A. 民主法治、公平正义　　B. 诚信友爱

C. 充满活力、安定有序　　D. 人与自然和谐相处

20. 构建社会主义和谐社会的现实依据是(　　)。

A. 实现全面建成小康社会宏伟目标的必然要求

B. 应对来自国际环境的各种挑战和风险的必然要求

C. 巩固党的执政地位、实现党的执政任务的必然要求

D. 以经济建设为中心的必然要求

三、判断题

1. 全面建成小康社会和构建社会主义和谐社会之间是整体和局部的关系。(　　)

2. 安定有序是社会主义和谐社会的基本特征，因此，社会主义和谐社会就是一个稳定的社会。(　　)

3. 中国之所以提出构建社会主义和谐社会的战略目标，是因为我国目前还不是一个和谐社会。(　　)

4. 和谐社会就是没有矛盾冲突的社会。(　　)

5. 只有经济高度发展才能成为真正意义的和谐社会。(　　)

四、简答题

1. 科学发展观的科学内涵和精神实质是什么？

2. 和谐社会的总体要求是什么？

3. 构建社会主义和谐社会应遵循的基本原则是什么？

4. 构建社会主义和谐社会的主要举措是什么？

阅读：党的十八大与本课程有关的主要内容

一、关于小康目标的新表述

(1) 经济持续健康发展。
(2) 人民民主不断扩大。
(3) 文化软实力显著增强。
(4) 人民生活水平全面提高。
(5) 资源节约型、环境友好型社会建设取得重大进展。

二、中国特色社会主义建设五位一体的表述

中国特色社会主义道路，就是在中国共产党领导下，立足基本国情，以经济建设为中心，坚持四项基本原则，坚持改革开放，解放和发展社会生产力，建设社会主义市场经济、社会主义民主政治、社会主义先进文化、社会主义和谐社会、社会主义生态文明，促进人的全面发展，逐步实现全体人民共同富裕，建设富强、民主、文明、和谐的社会主义现代化国家。

中国特色社会主义理论体系，就是包括邓小平理论、“三个代表”重要思想、科学发展观和习近平新时代中国特色社会主义思想在内的科学理论体系。这一科学的理论体系是对马克思列宁主义、毛泽东思想的坚持和发展。中国特色社会主义制度，就是人民代表大会制度的根本政治制度，中国共产党领导的多党合作和政治协商制度、民族区域自治制度以及基层群众自治制度等基本政治制度，中国特色社会主义法律体系，公有制为主体、多种所有制经济共同发展的基本经济制度，以及建立在这些制度基础上的经济体制、政治体制、文化体制、社会体制等各项具体制度。中国特色社会主义道路是实现途径，中国特色社会主义理论体系是行动指南，中国特色社会主义制度是根本保障，三者统一于中国特色社会主义伟大实践。

《中共中央关于坚持和完善中国特色社会主义制度　推进国家治理体系和治理能力现代化若干重大问题的决定》指出，中国特色社会主义制度是党和人民在长期实践探索中形成的科学制度体系，我国国家治理一切工作和活动都依照中国特色社会主义制度展开，我国国家治理体系和治理能力是中国特色社会主义制度及其执行能力的集中体现。

中国共产党自成立以来，团结带领人民，坚持把马克思主义基本原理同中国具体实际相结合，赢得了中国革命胜利，并深刻总结国内外正反两方面经验，不断探索实践，不断改革创新，建立和完善社会主义制度，形成和发展党的领导和经济、政治、文化、社会、生态文明、军事、外事等各方面制度，加强和完善国家治理，取得历史性成就。党的十八大以来，我们党领导人民统筹推进“五位一体”总体布局、协调推进“四个全面”战略布局，推动中国特色社会主义制度更加完善、国家治理体系和治理能力现代化水平明显提高，为政治稳定、经济发展、文化繁荣、民族团结、人民幸福、社会安宁、国家统一提供了有力保障。

新中国成立七十年来，我们党领导人民创造了世所罕见的经济快速发展奇迹和社会长期稳定奇迹，中华民族迎来了从站起来、富起来到强起来的伟大飞跃。实践证明，中国特

色社会主义制度和国家治理体系是以马克思主义为指导、植根中国大地、具有深厚中华文化根基、深得人民拥护的制度和治理体系，是具有强大生命力和巨大优越性的制度和治理体系，是能够持续推动拥有近十四亿人口大国进步和发展、确保拥有五千多年文明史的中华民族实现“两个一百年”奋斗目标进而实现伟大复兴的制度和治理体系。

我国国家制度和国家治理体系具有多方面的显著优势，主要是：坚持党的集中统一领导，坚持党的科学理论，保持政治稳定，确保国家始终沿着社会主义方向前进的显著优势；坚持人民当家作主，发展人民民主，密切联系群众，紧紧依靠人民推动国家发展的显著优势；坚持全面依法治国，建设社会主义法治国家，切实保障社会公平正义和人民权利的显著优势；坚持全国一盘棋，调动各方面积极性，集中力量办大事的显著优势；坚持各民族一律平等，筑牢中华民族共同体意识，实现共同团结奋斗、共同繁荣发展的显著优势；坚持公有制为主体、多种所有制经济共同发展和按劳分配为主体、多种分配方式并存，把社会主义制度和市场经济有机结合起来，不断解放和发展社会生产力的显著优势；坚持共同的理想信念、价值理念、道德观念，弘扬中华优秀传统文化、革命文化、社会主义先进文化，促进全体人民在思想上、精神上紧紧团结在一起的显著优势；坚持以人民为中心的发展思想，不断保障和改善民生、增进人民福祉，走共同富裕道路的显著优势；坚持改革创新、与时俱进，善于自我完善、自我发展，使社会始终充满生机活力的显著优势；坚持德才兼备、选贤任能，聚天下英才而用之，培养造就更多更优秀人才的显著优势；坚持党指挥枪，确保人民军队绝对忠诚于党和人民，有力保障国家主权、安全、发展利益的显著优势；坚持“一国两制”，保持香港、澳门长期繁荣稳定，促进祖国和平统一的显著优势；坚持独立自主和对外开放相统一，积极参与全球治理，为构建人类命运共同体不断作出贡献的显著优势。这些显著优势，是我们坚定中国特色社会主义道路自信、理论自信、制度自信、文化自信的基本依据。

三、社会主义核心价值体系的表述

社会主义核心价值体系是兴国之魂，决定着中国特色社会主义发展方向。要深入开展社会主义核心价值体系学习教育，用社会主义核心价值体系引领社会思潮、凝聚社会共识。推进马克思主义中国化、时代化、大众化，坚持不懈用中国特色社会主义理论体系武装全党、教育人民，深入实施马克思主义理论研究和建设工程，建设哲学、社会科学创新体系，推动中国特色社会主义理论体系进教材、进课堂、进头脑。广泛开展理想信念教育，把广大人民团结凝聚在中国特色社会主义伟大旗帜之下。大力弘扬民族精神和时代精神，深入开展爱国主义、集体主义、社会主义教育，丰富人民精神世界，增强人民精神力量。倡导富强、民主、文明、和谐，倡导自由、平等、公正、法治，倡导爱国、敬业、诚信、友善，积极培育和践行社会主义核心价值观。牢牢掌握意识形态工作领导权和主导权，坚持正确导向，提高引导能力，壮大主流思想舆论。

四、关于民生问题的表述

(1) 努力办好人民满意的教育。

(2) 推动实现更高质量的就业。

(3) 千方百计增加居民收入。

(4) 统筹推进城乡社会保障体系建设。

(5) 提高人民健康水平。

(6) 加强和创新社会管理。

五、关于公平和效率问题的表述

要坚持社会主义基本经济制度和分配制度，调整国民收入分配格局，加大再分配调节力度，着力解决收入分配差距较大问题，使发展成果更多、更公平惠及全体人民，朝着共同富裕方向稳步前进。

中国共产党第十八届中央委员会第三次全体会议关于市场在资源中的配置作用的表述：

使市场在资源配置中起决定性作用和更好发挥政府作用。市场决定资源配置是市场经济的一般规律，健全社会主义市场经济体制必须遵循这条规律，着力解决市场体系不完善、政府干预过多和监管不到位问题。

必须积极稳妥从广度和深度上推进市场化改革，大幅度减少政府对资源的直接配置，推动资源配置依据市场规则、市场价格、市场竞争实现效益最大化和效率最优化。

中国共产党第十九届中央委员会第三次全体会议公报关于市场在资源中的配置作用的新表述：全会提出，转变政府职能，优化政府机构设置和职能配置，是深化党和国家机构改革的重要任务。要坚决破除制约使市场在资源配置中起决定性作用、更好发挥政府作用的体制机制弊端，围绕推动高质量发展，建设现代化经济体系，调整优化政府机构职能，合理配置宏观管理部门职能，深入推进简政放权，完善市场监管和执法体制，改革自然资源和生态环境管理体制，完善公共服务管理体制，强化事中事后监管，提高行政效率，全面提高政府效能，建设人民满意的服务型政府。

六、深入理解决胜全面建成小康社会的重要意义

中国特色社会主义进入新时代，这是党的十九大对当前中国所处历史方位做出的一个重大政治判断。认真学习党的十九大报告关于进入新时代的论述，有助于从新的视角，深入理解决胜全面建成小康社会的重要意义。

进入新时代，决胜全面建成小康社会，进一步明确回应党对人民做出的庄严承诺。习近平总书记指出，“这个新时代，是承前启后、继往开来、在新的历史条件下继续夺取中国特色社会主义伟大胜利的时代，是决胜全面建成小康社会、进而全面建设社会主义现代化强国的时代”。这就把决胜全面建成小康社会提高到时代的高度，并赋予其时代内涵加以认识。不仅如此，在全面建成小康社会前加上“决胜”二字，本身就带有冲刺的意思，带有动员全党全社会力量投入到这场决战中来，并且透视着我们党的坚定信心，给人以巨大的鼓舞。在这样的时刻，强调决胜全面建成小康社会，更加突显了它的重大意义。这在相当程度上回应了党对人民做出的庄严承诺，也是向世人表明，中国共产党作为马克思主义执政党所体现的立党为公、执政为民的根本宗旨。可以说，自改革开放之初提出建设小康社会后，经过近四十年的改革开放，中国的综合国力得到了极大的提升，已成为世界第二大经济体，政治、文化、社会、生态等各方面建设也都成效显著。全面建成小康社会，经过几

代中国共产党人的接续努力和不懈奋斗，实现路径越来越清晰，内涵越来越丰富，目标越来越近，直至党的十九大，把全面建成小康社会推进到最后决胜阶段。所有这些，都足以表明，中国共产党完全有理由：坚定道路自信、制度自信、理论自信、文化自信。

进入新时代，决胜全面建成小康社会，将由此开启全面建设社会主义现代化国家的新征程。党的十九大指出："从十九大到二十大，是'两个一百年'奋斗目标的历史交汇期。我们既要全面建成小康社会、实现第一个百年奋斗目标，又要乘势而上开启全面建设社会主义现代化国家新征程，向第二个百年奋斗目标进军。"这表明，全面建成小康社会与实现现代化之间，在时间上紧密衔接，在各项事业发展上全面对接，既有继承又有发展，可见全面建成小康社会意义重大。就发展而言，党的十八大以来以习近平同志为核心的党中央，无论在全面建成小康社会的实践上，还是在理论上，都有重大创新。党的十八大在论及全面建成小康社会同现代化建设的关系时，有这样一段话："如期全面建成小康社会任务十分艰巨，全党同志一定要埋头苦干、顽强拼搏。国家要加大对农村和中西部地区扶持力度，支持这些地区加快改革开放、增强发展能力、改善人民生活。鼓励有条件的地方在现代化建设中继续走在前列，为全国改革发展做出更大贡献。"党的十八大以来的五年，在以习近平同志为核心的党中央坚强领导下，全面建成小康社会取得了明显成绩。因此，党的十九大明确提出，要在全面建成小康社会基础上，进而开启全面建设社会主义现代化国家新征程。做这样的表述，一方面说明全面建成小康社会已处于决胜阶段，为开启全面建设社会主义现代化国家打下了坚实基础，另一方面又适时地对国家现代化建设进行了新的部署，强调要乘势而上开启社会主义现代化建设新征程。这是向全党全国人民发出的夺取新时代中国特色社会主义伟大胜利的政治宣言和行动纲领，需要全党以更大的勇气、更大的魄力、更有力的措施，全面贯彻和落实。

进入新时代，决胜全面建成小康社会，必须依据社会主要矛盾的变化，着力解决好人民对美好生活的日益广泛需要。"中国特色社会主义进入新时代，我国社会主要矛盾已经转化为人民日益增长的美好生活需要和不平衡、不充分的发展之间的矛盾。"正确认识和把握这个新的重大政治判断，对于深刻理解我国发展新的历史方位，贯彻落实党的十九大精神具有重要指导意义。一是这个新的重大政治判断是基于近四十年改革开放、由全面建设小康社会到全面建成小康社会所取得的重大成果基础上做出的；二是这个新的重大政治判断，更加突出了决胜全面建成小康社会，必须着力解决好发展不平衡不充分问题。发展不平衡主要是指各区域各方面发展不够平衡，制约了全国总体发展水平的提升。发展不充分主要是指一些地方、一些区域、一些方面还有发展不足的问题，说明发展的任务仍然很重。

进入新时代，决胜全面建成小康社会，意味着必须更好推动人的全面发展和社会全面进步。全面建成小康社会顺应了人民对美好生活的新期待、新需求，因而必须牢牢把握社会主义初级阶段这个基本国情，牢牢把握人民群众对美好生活的向往。这主要包含两个方面：一是必须坚持以人民为中心的发展思想。这既是坚持党的根本宗旨所要求，同时又是依据新时代我国社会主要矛盾变化的新论断，有针对性做好群众工作的实际需要；二是必须坚持人的全面发展和社会全面进步。这是一个相互关联的两个问题。党的十九大指出："我们要在继续推动发展的基础上，着力解决好发展不平衡、不充分问题，大力提升发展质量和效益，更好满足人民在经济、政治、文化、社会、生态等方面日益增长的需要，更好推动人的全面发展、社会全面进步。”全面建成小康社会，不仅仅是经济等各方面的充分发展，同时也要求人的素质有极大的提升。促进人的全面发展，是马克思主义的一个重要观点。党的十八大从提高人民健康水平角度强调促进人的全面发展。党的十九大则明确提出更好推动人的全面发展、社会全面进步，这是一个重大的突破和创新。同时，人的发展必然要求社会要有全面进步，否则，人的全面发展就要受到社会发展滞后的影响和制约。

综合测试

综合测试(一)

一、单项选择题(本大题共有30小题，每小题1分，共30分；在每小题给出的四个选项中，只有一个是最符合题目要求的)

1. 盘点2011年中国楼市，“调控”“限购”“保障房”成为楼市主旋律。国家出台一系列政策引导房价合理回归，这表明我国政府在积极履行(　　)的职能。

A. 组织社会主义经济建设　　B. 保障人民民主权利

C. 组织社会主义文化建设　　D. 提供社会公共服务

2. 中共中央于2011年10月18日在中南海召开党外人士座谈会，听取各民主党派中央、全国工商联领导人和无党派人士的意见和建议。这表明我国(　　)。

A. 政党制度是多党制　　B. 党组织社会主义文化建设职能

C. 共产党和民主党派共同执政　　D. 实行多党合作和政治协商制度

3. 金钱是财富的象征，作为青年学生对待金钱的正确态度是(　　)。

① 要取之有道，靠诚实劳动和合法经营致富；② 要用之有度，花钱要有所节制；③有钱能使鬼推磨，要采取一切手段攫取金钱；④ 要用之有益，把钱用于做有意义的事

A. ①②③　　B. ②③④　　C. ①③④　　D. ①②④

4. 汇源果汁作为在香港上市的股份有限公司，所具有的特点有(　　)。

①股东以其认购的股份为限对公司承担责任；②公司的全部资本划分为等额股份；③股东持有的股票不得在股票市场上市交易；④ 注册资本不得低于人民币500万元

A. ②③　　B. ①②④　　C. ②③　　D. ①③④

5. 置身于文化市场，我们看到：宣传广告五颜六色，各种图书报刊异彩缤纷，网吧聊天室生意火爆，电视节目丰富多彩……这些表明(　　)。

A. 社会生活纷繁复杂　　B. 政治生活丰富多彩

C. 经济生活复杂多样　　D. 文化生活丰富多彩

6. 为了巩固公有制的主体地位，增强公有制经济的活力，必须努力使公有制实现形式多样化，公有制的主要实现形式是(　　)。

A. 混合所有制　　B. 国有经济　　C. 集体经济　　D. 股份制

7. 微软从2008年10月20日起正式对盗版XP用户强制实施正版验证和“黑屏”提示。这启示我们要(　　)。

A. 增强自主创新能力　　B. 加强反“黑”技术的研发

C. 提高企业经济效益　　D. 提高企业管理水平

8. 货币的本质是（　　）。

A. 一般等价物　　B. 价值尺度　　C. 物质　　D. 金钱

9. 2016 年 7 月，老王分别用 1 万元购买了某公司的股票和债券。对于老王的投资方式，下列说法不正确的是（　　）。

A. 老王购买的股票和债券都存在一定的风险

B. 老王购买的股票其安全性比债券大

C. 老王购买的股票和债券都属于有价证券

D. 老王购买的债券其利率高于银行同期存款利率

10. 股市不断下跌，周边国家股市更是不断恶化。但是熊市的持久并没有浇灭股民的投资热情，这是因为股票是(　　)的投资方式。

A. 稳健　　B. 规避风险　　C. 便捷　　D. 高收益

11. 小明的爷爷在社区开了个生活用品经销店，本小利微，但他时刻不忘纳税，年年被评为“纳税标兵”。小明爷爷的行为提示我们要(　　)。

①自觉纳税；②有偿纳税；③诚信纳税；④依法纳税

A. ①②③　　B. ①②④　　C. ①③④　　D. ②③④

12. “广告做得好，不如新飞冰箱好”，新飞冰箱的一则电视广告语受到众多家电企业的投诉，被迫改为“新飞广告好，不如新飞冰箱好”。这说明(　　)。

A. 经济效益是企业一切经济活动的根本出发点

B. 广告是企业形象的具体体现

C. 破产是商品经济条件下企业竞争的必然结果

D. 竞争应该遵循市场规则

13. 社会主义经济制度的基础和社会主义的根本经济特征是(　　)。

A. 公有制经济　　B. 集体经济

C. 混合所有制经济　　D. 非公有制经济

14. 十三届全国人大常委会第十四次会议于 2019 年 10 月 26 日下午在北京人民大会堂闭幕。会议经表决，通过了密码法；决定免去黄树贤的民政部部长职务，任命李纪恒为民政部部长。这体现了全国人大常委会在行使(　　)。

A. 最高立法权　　B. 最高决定权

C. 最高任免权　　D. 最高监督权

15. 在下列组织中，属于基层群众自治组织的是(　　)。

A. 职工代表大会和行业协会　　B. 村民委员会和居民委员会

C. 妇女代表大会和妇联　　D. 乡政府和镇政府

16. 我国《宪法》规定：国家尊重和保障人权。实现人权的根本途径是(　　)。

A. 保障公民的政治权利和自由　　B. 促进经济和社会进步

C. 维护国家的主权和领土完整　　D. 坚持人权高于主权

17. 2007 年 7 月，国务院启动城镇居民基本医疗保险试点，并将在 3 年内全面推开。这表明政府在履行(　　)。

A. 保障人民民主和维护国家长治久安的职能

B. 组织社会主义经济建设的职能

C. 组织社会主义文化建设的职能

D. 提供社会公共服务的职能

18. 邯郸市政府开通热线电话，听取市民对中心城区道路改造方案的意见。这体现了市民(　　)。

A. 参与民主管理　　B. 履行政治性义务

C. 参与民主监督　　D. 参与民主决策

19. “你对国家的热爱更高于你对职业和薪水的追求。”这是某媒体对易建联回国参加男篮亚锦赛的高度评价。易建联的行为体现了我国公民(　　)。

A. 积极履行公民义务，维护国家荣誉和利益

B. 坚持个人利益与国家利益相一致的原则

C. 坚持享受权利与履行义务对等的原则

D. 把个人命运与国家荣誉紧密联系在一起

20. 中国五台山举办的“佛光普照四海结缘”大会以及佛教音乐成为五台山旅游新亮点。五台山第四届佛教文化节暨第十八届国际旅游月召开当日上午即成功签约两个项目，共引资 11 亿元。这表明(　　)。

A. 国家保护正常的宗教活动　　B. 国家鼓励宗教事业的发展

C. 宗教可以与社会主义相适应　　D. 宗教的本质发生了变化

21. “和平是世界人民的第一需要，没有和平，任何建设都无从说起。”这句话说明的道理是(　　)。

A. 维护和平是发展经济的前提和基础

B. 发展经济是维护和平的根本保证

C. 和平与发展是当今时代的两大主题

D. 制止战争归根到底取决于和平力量的经济发展程度

22. 我国积极开展多边外交，努力发展同发达国家的关系，全面深化同周边国家的睦邻友好关系，大力加强同发展中国家的团结合作。我国外交政策的宗旨是(　　)。

A. 独立自主

B. 维护我国的独立和主权，促进世界的和平与发展

C. 和平共处五项原则

D. 维护世界和平、促进共同发展

23. 基本医疗卫生制度作为保障全民健康的(　　)，是保证社会公平的重要途径。

A. 社会安全网　　B. 社会稳定器　　C. 社会促动器　　D. 社会调剂器

24. 按照科学发展观的基本要求，实现经济发展与资源环境相协调，必须建设(　　)社会。

A. 社会主义和谐　　B. 资源节约型、环境友好型

C. 小康　　D. 中国特色社会主义

25. 2008 年 11 月 5 日，国务院总理温家宝主持召开的国务院常务会议强调，要重视提高城乡居民特别是低收入群体的收入水平。这一要求的经济学依据是(　　)。

A. 公平的含义涉及经济、政治、法律等各个领域

B. 收入分配的公平主要表现为收入分配的绝对平等

C. 社会成员之间的收入差距过于悬殊不利于实现共同富裕

D. 收入分配公平与平均主义有着根本的区别

26. 我国每个民族都有全国人民代表大会的代表，自治区主席、自治州州长、自治县县长全部由民族区域自治的少数民族公民担任。这体现了我国处理民族关系中(　　)基本原则。

A. 民族平等　　B. 民族团结

C. 各民族共同繁荣　　D. 民族区域自治

27. 有人说“弱国无外交”，你认为这一观点要表达的意思是(　　)。

A. 增强国家实力才能在国际交往中掌握主动权

B. 弱国没有军事力量捍卫自己

C. 弱国没有资格同他国发展外交关系

D. 在国际社会中，没有平等的实力就没有平等的主权

28. “以和为贵”是中华民族的优良传统，作为中国政府处理国际关系的价值观，具体体现在我国的外交政策中就是(　　)。

A. 独立自主是我国外交政策的基本立场

B. 和平共处是我国对外关系的基本准则

C. 对外开放是我国的基本国策

D. 建立国际新秩序是我国政府的基本主张

29. 王师傅到商场购买家具，看到一款沙发标价 2 万元。这里的“2 万元”(　　)。

① 是沙发价值的货币表现；②是这款沙发的价格；③ 执行了流通手段的职能；④只是观念上的货币

A. ①②③　　B. ②③④　　C. ①③④　　D. ①②④

30. 近年来，我国生产小轿车的质量不断提高，价格却持续下降。轿车价格下降的根本原因是(　　)。

A. 市场供给超过消费需求　　B. 通货膨胀得到有效抑制

C. 个别劳动时间大大缩短　　D. 社会劳动生产率不断提高

二、判断题(阅读下列各题，判断正确与错误，并在括号内打上“√”或“×”；本部分共 30 题，每小题 1 分，共 30 分)

31. 价值决定价格，商品价值发生变化，价格也一定发生变化。(　　)

32. 一个合理的价格既要反映价值，又要反映供求关系。(　　)

33. 国家有权发行纸币，国家可以任意发行纸币。(　　)

34. 只要坚持以人为本，就是坚持了科学发展观。(　　)

35. 我国现阶段的分配制度是与我国的基本经济制度相适应的。(　　)

36. 收入分配的公平主要体现为收入的绝对平等。(　　)

37. 纳税是有收入的成年人的事，与我们中学生无关。(　　)

38. 当前国际竞争的实质是军备竞赛和科技竞争。（　　）
39. 我国的国家利益和国家力量决定了我国奉行独立自主的和平外交政策。（　　）
40. 中国共产党的领导和执政地位的确立是由它的性质和宗旨决定的。（　　）
41. 价值规律的基本内容是价格围绕价值上下波动。（　　）。
42. 纸币是充当一般等价物的特殊商品。（　　）
43. 税收具有固定性，一旦确定就不能改变。（　　）
44. 有序的政治参与，是公民参与政治生活的基本要求。（　　）
45. 建设社会主义政治文明，最根本的是坚持政治、经济、文化的有机统一。（　　）
46. 公平的收入分配，有助于实现经济发展、社会和谐。（　　）
47. 我国的政党制度是多党制(多党联合执政)。（　　）
48. 市场在资源配置中起基础性作用，是社会主义市场经济的基本标志。（　　）
49. 人民民主专政的本质是公民当家做主。（　　）
50. 在我国，同人民民主专政的国体相适应的政权组织形式，就是民主集中制的人民代表大会制度。（　　）
51. 用于交换的劳动产品有价值，不用于交换的劳动产品就不会有价值。（　　）
52. 中职生的素质在很大程度上决定了“中国制造”的质量。（　　）
53. 效率与公平是一对矛盾，无法协调统一。（　　）
54. 诚实守信是市场经济的重要规则之一，从某种意义上说，市场经济就是信用经济。（　　）
55. 转变经济增长方式是从集约型向粗放型的根本转变。（　　）
56. 我国先后共建立了4个经济特区。（　　）
57. 我国的政治体制改革是对社会主义制度的完善和发展。（　　）
58. 某中职学校学生小王在最后一学年的实习期间应征入伍，因此未能取得毕业证。（　　）
59. 国家保护一切宗教活动。（　　）
60. 文化软实力主要是指一个国家或地区基于文化而具有的凝聚力、生命力、创造力、传播力以及由此产生的感召力和影响力。（　　）

三、辨析题(本大题共3小题，每小题5分，判断正确得1分，分析完全得4分，共15分。)

61. 公有制的主体地位主要体现在公有资产在全国各经济部门占绝对优势。

62. 我国的根本制度是人民代表大会。

63. “社会保险旨在向全体公民提供一系列基本生活保障，使其免受或摆脱人生的各种灾害。”这个观点对吗？

四、情境分析题（共 25 分）

一流的产品需要一流的技术工人来生产。人们经常抱怨国产汽车造型、性能跟不上世界潮流，有权威人士指出，其实，不是我们的工程师设计不出来，而是工人生产不出来，因为我们缺乏高级技术工人。

一份调查资料表明，近几年来，在企业从业人员中，技术工人比重逐年提高，然而，技术工人技术等级仍以初级工、中级工为主，文化水平以高中以下为主，高素质、高学历的技术工人比重偏低。拥有高级工以上(含高级工、技师、高级技师)技术等级证书的技术工人约占 19%，中级工约占 33%，初级工约占 47%，而发达国家技术工人中，高级技术工人约占 35%，中级工约占 50%，初级工约占 15%。不少企业遇到技术要求高的订单，由于工人技术达不到要求而不敢接单，厂长经理因此十分头疼。

阅读材料，回答问题：

64. 我国目前劳动力资源的总体情况是怎样的？

65. 如何才能提高自己的素质，成为高素质的劳动者？

综合测试(二)

一、单项选择题：(本大题共 25 小题，每小题 1 分，共 25 分，选择正确的答案，将相应的字母填入题内括号中)

1. 下列属于商品的是(　　)。

A. 小河里的水　　B. 自家菜园里种的西红柿

C. 超市里卖的大米　　D. 自然界中的空气

2. 商品的价值量是由(　　)决定的。

A. 生产该商品的社会必要劳动时间　　B. 商品的价格

C. 商品的价值　　D. 市场的需求量

3. 2010 年高考前夕，与补脑、健脑、增智等保健品市场的平淡相比，哈尔滨的“氧气”市场却很活跃。哈尔滨考生兴起“补氧”潮。材料中的“氧气”(　　)。

A. 是商品，因为它是有用物品

B. 不是商品，因为它是自然界中存在的

C. 是商品，因为它是用于交换的劳动产品

D. 不是商品，因为它没有经过劳动

4. 厂家和商家在推出自己的商品时总是极力宣扬自己的商品“方便实用，经济实惠”，这是因为(　　)。

A. 商品的首要属性是能够满足人们的需要

B. 使用价值和价值是商品的两个基本属性

C. 人们购买商品总是贪图便宜

D. 商品是价值和价格的统一体

5. 货币的本质是(　　)。

A. 等价物　　B. 一般等价物　　C. 商品　　D. 交换价值

6. 货币充当商品交换媒介的职能，叫作(　　)。

A. 价值尺度　　B. 储藏手段　　C. 支付手段　　D. 流通手段

7. 消费受到很多因素的影响，其中(　　)是影响消费的首要要素。

A. 收入　　B. 商品价格　　C. 消费心理　　D. 消费观

8. 江泽民同志在党的十六大报告中指出：要坚持公有制为主体、多种所有制经济共同发展的基本经济制度。对“公有制为主体”的正确理解是（　　）。

A. 公有资产要在社会总资产中占优势，国有经济要控制国民经济命脉

B. 公有制在各个领域都必须占支配地位

C. 公有制在各个地区都必须保持质和量的优势

D. 在混合所有制经济中，公有制成分必须保持在50%以上

9. 社会主义市场经济与资本主义市场经济的根本区别在于(　　)。

A. 市场调节不同　　B. 宏观调控手段不同

C. 生产资料所有制基础不同　　D. 生产目的不同

10. 在市场经济的运行中，最重要的市场主体是(　　)。

A. 商业　　B. 企业　　C. 政府　　D. 中介机构

11. 我国最初在(　　)设立了四个经济特区，标志着我国对外开放政策的启动。

A. 深圳、厦门、珠海、汕头　　B. 深圳、珠海、浦东、天津滨海

C. 深圳、厦门、温州、汕头　　D. 深圳、厦门、广州、东莞

12. 我国的企业可以分为国有企业、集体企业、私营企业以及混合所有制企业，这种对企业分类的依据是(　　)。

A. 企业的组织形式　　B. 企业的规模

C. 企业的所有制形式　　D. 企业的投资者

13. 一家世界500强企业董事长曾说：“如果你把我们的资金、厂房及品牌留下，把我们的人带走，我们的公司会垮掉；相反，如果你拿走我们的资金、厂房及品牌，而留下我们的人，十年内我们将重建一切。”这说明了(　　)。

A. 资金、厂房及品牌对企业发展来说意义不大

B. 该董事长有经济发展头脑

C. 科技发展的重要性

D. 人力资源是第一资源

14. 我国现阶段实行的分配制度是(　　)。

A. 按资分配为主，多种分配方式并存　　B. 按贡献分配为主，多种分配方式并存

C. 按劳分配为主，多种分配方式并存　　D. 按劳分配为主，按生产要素分配为辅

15. 下列关于我国最低工资保障制度说法，不正确的一项是(　　)。

A. 它是国家保障低收入劳动者收入的一项基本制度

B. 它是法定工作时间内劳动者提供正常劳动，用人单位须支付的最低劳动报酬

C. 最低工资不包括加班工资

D. 津贴是最低工资的一部分

16. 一个国家或者地区在一定时期(通常为一年)内生产的产品和服务的价值总和，称为(　　)。

A. 社会总产值　　B. 国民收入　　C. 国内生产总值　　D. 国民生产总值

17. 在校中职学生既不从事经营活动，又无直接的经济收入，因此(　　)。

A. 税收与中职生无关　　B. 税收同样与中职生有关

C. 中职生不需要了解税收知识　　D. 中职生没有依法纳税的义务

18. 下列有关税收的说法错误的一项是(　　)。

A. 税收具有强制性、有偿性和固定性

B. 根据征税对象可分为流转税、所得税、资源税、财产税和行为税

C. 税收取之于民、用之于民，依法纳税是公民的基本义务

D. 所得税包括个人所得税和企业所得税

19. 下列哪一种投资理财方式是目前我国家庭主要的投资方式(　　)。

A. 证券　　B. 股票　　C. 人身保险　　D. 储蓄

20. 我国社会主义初级阶段的基本经济制度是(　　)。

A. 公有制经济为主体，私营经济共同发展

B. 公有制经济为主体，多种所有制经济共同发展

C. 公有制经济为主体，突出发展非公有制经济

D. 公有制经济为主体，国有经济为辅

21. 市场经济是(　　)在资源配置中起基础性作用的经济体制。

A. 计划　　B. 计划和市场　　C. 市场　　D. 政府

22. 改革开放之初，(　　)为我国设计了实现现代化分三步走的发展战略。

A. 邓小平　　B. 江泽民　　C. 胡锦涛　　D. 毛泽东

23. (　　)是实现我国经济又好又快发展的关键。

A. 转变经济发展方式、加快经济结构调整

B. 产业结构的优化升级

C. 促进区域经济协调发展

D. 走新型工业化道路

24. 下列行业属于第二产业的是(　　)。

A. 种植业　　B. 建筑业　　C. 交通运输业　　D. 渔业

25. 美国制造的大型波音客机，由450万个零部件组成。这些零部件除自制外，还来自6个国家近2万家企业。这说明(　　)。

A. 生产的国际化　　B. 市场的国际化

C. 资金的国际化　　D. 信息传播的国际化

二、多项选择题(本大题共10小题，每小题2分，共20分，在每小题列出的四个备选项中有二至四个是符合题目要求的，请将其代码填写在括号内。错选、多选、少选或未选均无分。)

1. 价值规律的作用表现在(　　)方面。

A. 调节生产资料和劳动力在各生产部门的分配

B. 刺激商品生产者改进技术，改善经营管理

C. 提高劳动生产率

D. 促进商品生产者在竞争中优胜劣汰

2. 常见的消费心理有(　　)。

A. 求同心理　　B. 求异心理　　C. 求名心理　　D. 求实心理

3. 下列属于科学的消费观的是(　　)。

A. 量入为出，适度消费　　B. 保护环境，绿色消费

C. 勤俭节约，艰苦奋斗　　D. 统筹兼顾，合理消费

4. 我国法定的公司形式有两种，即(　　)。

A. 有限责任公司　　B. 合伙企业

C. 股份有限公司　　D. 股份无限公司

5. 下列属于提高经济效益的主要途径的是(　　)。

A. 面向市场，开发适销对路的产品

B. 创新技术，推动企业集约型发展

C. 提高质量，树立良好的企业信誉和形象

D. 改善管理，提高企业经营管理水平

6. 在我国，下列属于城镇居民收入结构构成的有(　　)。

A. 工资性收入　　B. 经营性收入　　C. 财产性收入　　D. 转移性收入

7. 在我国，社会主义公有制经济包括(　　)。

A. 国有经济　　B. 集体经济

C. 混合经济中的国有成分和集体成分　　D. 外商和港澳台投资经济

8. 按照产业部门的性质划分，产业结构可以分为(　　)。

A. 工业　　B. 轻工业　　C. 第三产业　　D. 农业

9. 经济全球化的主要表现有(　　)。

A. 生产全球化　　B. 资本全球化　　C. 贸易全球化　　D. 企业全球化

10. 下列有关我国对外开放政策说法正确的有(　　)。
A. 对外开放要适应经济全球化的需要
B. 发展和完善社会主义市场经济体制要求对外开放
C. 对外开放是我国经济又好又快发展的需要
D. 对外开放是我国必须长期坚持的基本国策

三、简答题(本大题共 4 个小题，每小题 10 分，共 40 分)

1. 简述新型工业化道路的含义。

2. 为什么说人力资源是第一资源？

3. 简述价值规律在商品经济中的作用。

4. 简述我国社会主义市场经济的基本特征。

四、论述题(本大题共 1 题，15 分)

随着经济的不断发展，人们的消费日趋丰富多彩。我们应树立什么样的消费观？